The
Exclusive
Distributorship
in
Japan

自分でできる新・独占ビジネス

輸入総代理をはじめよう

石﨑絢一
Kenichi Ishizaki

技術評論社

はじめに〜輸入総代理ビジネスにようこそ

本書をお手にお取りいただきありがとうございます。

貿易ビジネスにかかわる書籍は今までにも数多く出版されていますが、本書は従来のものとは異なり、「輸入総代理権」の獲得を前提に、独占性の高い貿易ビジネスの確立にフォーカスした日本初の指南書になります。

「輸入総代理権」を一言でいえば、海外発の製品を国内マーケットで一手に販売できる権利のこと。本書を理解し、適切に実践することができれば、あなたのビジネスに新しい道が開かれることでしょう。長期継続性があり、収益を積み上げていけることが輸入総代理ビジネスのなによりの魅力です。

私は講師として、輸入総代理ビジネスに興味のある方々を指導育成しています。その生徒さんたちのなかから、毎月コンスタントに十分な利益を得られている人たちや、有力企

業との取引を成功させている人たちが続々と誕生しています。

具体的な商品名までは触れることができませんが、こういったみなさんが総代理した商品が有名雑誌に取材されることはごく普通の出来事になっています。テレビ局が、ある大規模な展示会を報道したとき、映し出されるほとんどのものが生徒さんが扱っている商品だったこともあります。さらに、その展示会におけるMVP商品に生徒さんの商品が選ばれたのです。

こうして活躍しているみなさんのほとんどが、輸入総代理ビジネスをゼロからスタートしたにもかかわらず、有名企業のバイヤー顔負けの動きをしている事実がここにあります。「信じられない」「オーバートークでは？」「本当だったらすごいなぁ」など読者の反応はそれぞれだと思いますが、少しでも関心がわいた方は、ぜひ本書を読み進めてください。

ところで私は今、神戸のカフェにたたずみながらこの文章を書いています。このあと、関西地方に住んでいる生徒さんたちとの食事会に参加する予定なのですが、たった一人でも、小さな組織でもできる独占ビジネスとして輸入総代理ビジネスに興味を持ち、学ばれ、巣立っていかれた生徒さんたちから、このような場に呼んでいただけることは、とてもうれしく思います。

● はじめに ● 輸入総代理ビジネスにようこそ

「輸入総代理ビジネス」と聞くと、あたかも大手企業や貿易のエキスパートしか参入できないイメージを持たれる方が多いようですが、やり方次第で、貿易ビジネス未経験でも、個人や小さな組織でも参入でき、世界の魅力的なメーカーと輸入総代理契約を交わし、その商品を日本国内で独占販売することができます。

日本における独占販売権、つまり日本総代理権を保有することで、輸入転売ビジネスや並行輸入業者とはまったく異なるビジネス展開ができます。販売力にすぐれた強力な組織や自分よりも大きな企業などに対し、サプライヤー（商品供給者）として優位な立場で取引できることも大きな魅力です。

今までに総代理を獲得した商品から、この文章を書いている今日1日だけでも十分な収益が得られています。直販での販売はもとより、それ以上に商品を卸させてもらっているところを通じて売れていく数のほうが多く、これはまさに輸入総代理ビジネスだからこそなせるわざといえるでしょう。

多くの産業やビジネスが成熟してしまった今の日本で有望なビジネスを見つけ、稼ぎ続け、生き残っていくことは簡単ではありません。こういった時代、マーケティングやブランディングスキル、SNSなどを駆使しなければ、収益を確保することもままならないことが多い

なか、一方で輸入総代理ビジネスのような独占ビジネスを行うことができます。

同じ貿易ビジネスにおいて、輸入（出）転売や並行輸入ビジネスを手がける方のなかには、毎月莫大な収益を稼ぎ出す人もたしかに存在しています。しかし、つねに内外価格差と競合の動向を意識しながら多品目を同時展開し、自力でこのような数字を叩き出しているのが現状です。

一方で、輸入総代理ビジネスは、国内での独占販売権のもと独自の動きが可能になり、販売権利を有する国での流通価格決定権、販売先開拓権を持つことで、自力販売だけでなく、他者（他力）を活用しながら穏やかに稼ぐことも目指していけます。

世のなかにある秀逸なプロダクトは、大きなメーカーや有名ブランドからだけではなく、中小メーカーや新興メーカー、個人や少人数のメーカー、たった一人の職人やアーティストによっても日々生み出されています。今でこそ世界的に有名な高級ブランドも、もとは小さな職人系会社だったり、サイクロン掃除機でまたたく間に世界を席巻していったダイソンなどのメーカーも、もとは小さなベンチャー企業です。

● はじめに ●　輸入総代理ビジネスにようこそ

もし、あなたがこうしたすぐれた商品をいち早く発掘し、独占販売権を獲得できたならば、どのような未来が広がるでしょうか。

「楽しそうな仕事だなぁ」「ひと山当てられるかも」「ほかの人ができたのなら自分もできるはず」——そう思われたのなら、あなたは"Exclusive Importer"へのパスポートを手にしたのも同然です。これから本書を片手に輸入総代理ビジネスへの旅に出発しましょう！

夕日に染まりゆく神戸のカフェより

石﨑絢一

CONTENTS

第1章 「輸入総代理」の魅力

- 01 輸入総代理とは？ ……… 18
- 02 輸入総代理が必要とされる理由 ……… 20
- 03 輸入総代理と並行輸入の違い ……… 22
- 04 輸入転売ビジネスを長く続けるのは簡単ではない ……… 24
- 05 なぜ今、輸入総代理ビジネスなのか？ ……… 26
- 06 輸入総代理の魅力① 少ない資本で始められる ……… 28
- 07 輸入総代理の魅力② ワクワクできる数少ないビジネス ……… 30
- 08 輸入総代理の魅力③ 堅実な収入基盤になる ……… 32
- 09 輸入総代理の魅力④ 都会・地方の格差が小さい ……… 34
- 10 英語ができなくても輸入総代理ビジネスはできる ……… 36

第❷章 「輸入総代理」のいろいろなカタチ

01 高機能松葉杖「スマートクラッチ」 ケース①池松洋一さん ……40

02 竹製スピーカー「loudbasstard」 ケース②下村千恵子さん ……46

03 高級骨壺「capsule urn」 ケース③松尾真宏さん ……52

04 デスク付きバイク「フィットデスク」 ケース④神薗洋さん ……58

05 木製珈琲ドリッパー「カナディアーノ」 ケース⑤仙洞田隆さん ……64

06 高級爪切り「The Ultimate Clipper」 ケース⑥田名部圭介さん ……70

第❸章 「これは！」という商品をどう発掘するか

01 世界には、日本人が知らない魅力的な商品がたくさんある！ ……78

02 商品を探すときの基本的な心得 ……80

03 3つのポイントを頭に入れて商品を探そう ……82

04 まだ日本で知られていない海外の中小メーカーが狙い目 ……84

05 手がける商品を見極めるための3つのポイント ……86

第４章 海外メーカーにアプローチする

01 英語ができなくても海外メーカーと輸入総代理契約を結べる …… 116

02 日本人ならではのアドバンテージを知る …… 118

03 英語の翻訳はネットを使えば安くできる …… 120

04 英文ビジネスレターのキホンのキ …… 122

06 雑貨や家具などは人気だが……　避けたほうがいい商品もある …… 88

07 商品を一つ販売して、利益5000円以上が理想 …… 90

08 商品を発掘する方法はいくつかある …… 92

09 ネット検索で魅力的な商品を見つけるための準備 …… 94

10 インターネットを使って「連想力」で商品を発掘する …… 98

11 資金力がない人向きの「オーダーメイド商品」の探し方 …… 102

12 商品に市場性があるか見極める …… 106

13 「KICKSTARTER」で将来性のある商品を見つける …… 110

- 05 これから始まる交渉の流れをざっくりとつかんでおこう ……126
- 06 交渉を始める前に頭に入れておきたいこと ……128
- 07 ファーストコンタクトで海外メーカーに興味を持たせる ……130
- 08 相手のアンテナに引っかかるためのコツ ……132
- 09 先方から返事がなかった場合の対処法 ……134
- 10 本格的な交渉を始める前にサンプル品を取り寄せよう ……136
- 11 見積書を請求して、輸入価格を考える ……138
- 12 交渉前に販売価格をシミュレーションする ……140
- 13 さまざまな輸送方法の特徴を知る ……142
- 14 輸入するなら知っておきたい国際ルール「インコタームズ」 ……146
- 15 商品の損傷など、輸送時のリスクに備えた保険をかける ……150
- 16 輸入時に課税される関税について知っておこう ……152
- 17 契約のための交渉で押さえておくこと ……158
- 18 カウンターオファーをする ……160
- 19 契約で外してはいけないポイント ……162
- 20 海外メーカーとのやりとりを契約書にまとめる ……164

第 5 章　成功のポイント！あなたに合った販路を作る

01 未知の商品を広めるためのマーケティングを考える …… 180

02 本格的な流通前にテストしてマーケティングの方向性を決める …… 182

03 ブランディングが強力な後押しになる商品 …… 184

04 輸入総代理ビジネスでのリアル・ウェブマーケティング …… 186

05 リアルマーケティング① 直接営業・営業委託 …… 188

06 リアルマーケティング② 雑誌などに広告を掲載する …… 190

21 どんな手段で決済するのが便利か …… 166

22 商品の発注から受け取りまでのプロセスを理解する …… 168

23 発注書はシンプルを心がける …… 170

24 インボイスの見方を知っておこう …… 172

25 商品が手元に届いてからのチェック作業 …… 174

26 輸入総代理としてのモラル …… 176

第6章 輸入総代理をカタチにしていくためのアドバイス

01 輸入にまつわるトラブル …… 216

07 リアルマーケティング③ 有名人に商品提供を行う …… 192

08 リアルマーケティング④ DMを使って販売店を開拓する …… 194

09 リアルマーケティング⑤ プレスリリースでアプローチ …… 196

10 リアルマーケティング⑥ 展示会に出展する …… 198

11 リアルマーケティング⑦ さまざまな場がチャンスになる …… 200

12 ウェブで扱いやすい商品とそうでない商品を見極める …… 202

13 ウェブマーケティング① ネットモールを使って販売する …… 204

14 ウェブマーケティング② 楽天とAmazonの違い …… 206

15 ウェブマーケティング③ ウェブ問屋を利用する …… 208

16 商品紹介を行うウェブページは必ず作る …… 210

17 SEOとリスティング広告を上手に利用する …… 212

付録 リアル契約書を見てみよう！

- 02 契約にまつわるトラブル …… 218
- 03 お客様とのトラブル …… 220
- 04 「製造物責任」にまつわるトラブル …… 224
- 05 輸入した商材を日本に合うようにカスタマイズ …… 226
- 06 製造総代理というやり方もある …… 228
- 07 強力なライバルが新たに出現したら …… 230
- 08 しばらく経ったら契約のメンテナンスを考えよう …… 232
- 09 輸入総代理を個人でやるか、法人でやるか …… 236
- 10 輸入総代理でうまくいく人 …… 238
- 11 「看板をおろす」見切りのタイミングについて考える …… 240

- サンプル① ニュージーランドの企業との販売代理店契約書 …… 243
- サンプル② アメリカの企業との販売代理店契約書 …… 250

●本書に記載されている情報は、とくに断わりのないかぎり2015年12月時点のものです。それぞれの内容については、ご利用時には変更されている場合もあります。

●本書は情報の提供のみを目的としています。本書の運用はお客様ご自身の責任と判断によって行ってください。本書の運用によっていかなる損害が生じても、技術評論社および著者は一切の責任を負いかねます。

●本書に記載されている製品名などは各メーカーの登録商標、商標、商品名です。本文中ではTMマークなどは明記していません。

第1章

「輸入総代理」の魅力

第1章 魅力
The Exclusive Distributorship in Japan

01 輸入総代理とは？

輸入総代理になれば独占的に販売できる

これから「輸入総代理」をどのように獲得して、ビジネスを展開するかを説明していくわけですが、まず「輸入総代理とはなにか」を明確にしておきましょう。

輸入総代理（輸入総代理店、総販売元ともいう）とは、海外メーカーの製品を日本の国内マーケットで独占的に販売できる権利のことです。

海外メーカーと総代理契約を結ぶことで、日本国内のほかの業者（個人を含む）は、そのメーカーの製品をメーカーから直接輸入・販売できなくなります。つまり、輸入総代理を獲得した人は、ある商品の、その国における代表者となれるのです。

海外製品の陰に輸入総代理の存在あり

身近な外国製品のなかにも輸入総代理によって輸入・販売されている商品は少なくありません。

たとえば、日本人に人気の独りモワ（RIMOWA）社製の旅行用スーツケースです。同社の製品は、「林五（はやしご）」という企業が輸入総代理になっています。同社サイト、東京の丸ノ内・銀座、大阪、名古屋、福岡の直営店はもちろんですが、日本全国の正規販売店に商品を供給して広く販売しています。

あえて正規販売店と書いたのは、正規販売店ではない販売店があるからです。正規でないからといって、違法業者ではありません。林五から供給を受けるのではなく、並行輸入する販売店もあるのです。

● 第1章 ● 「輸入総代理」の魅力

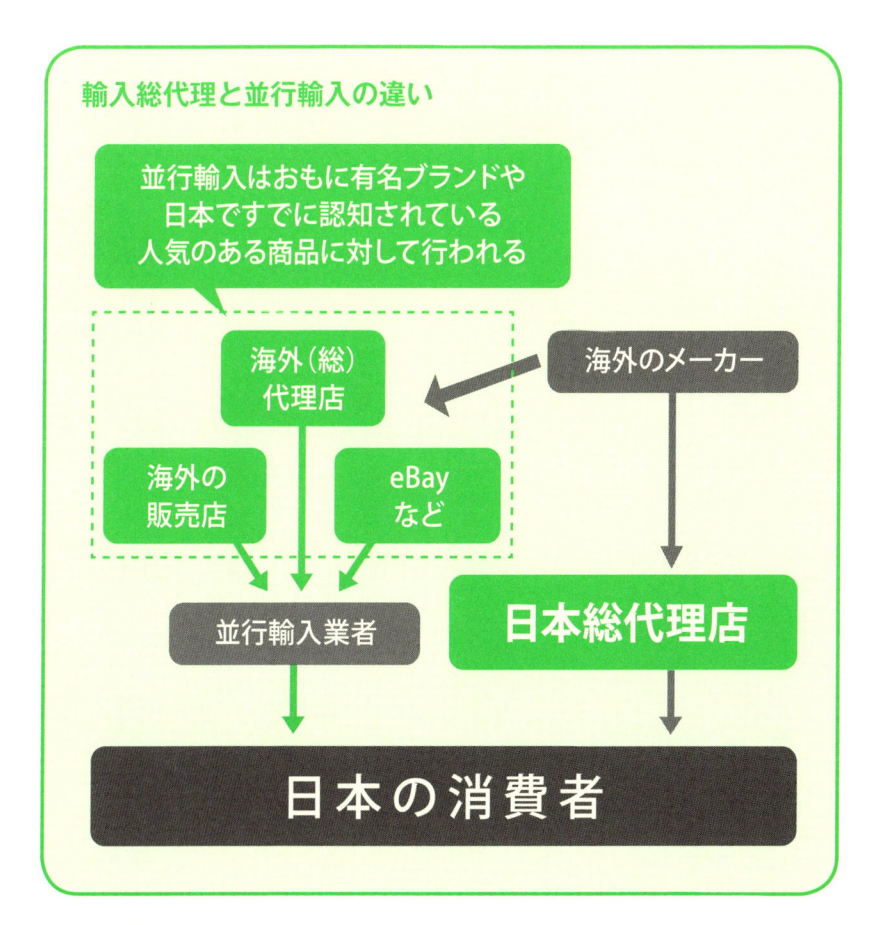

輸入総代理と並行輸入の違い

並行輸入はおもに有名ブランドや日本ですでに認知されている人気のある商品に対して行われる

- 海外（総）代理店
- 海外の販売店
- eBayなど
- 海外のメーカー
- 並行輸入業者
- 日本総代理店
- 日本の消費者

また、輸入総代理は販売だけでなく、日本国内におけるブランドの維持や販売店の開拓、在庫管理、修理体制の整備なども行います。

ちなみに、サンダルが有名なドイツのビルケンシュトック、ダウンジャケットが有名なモンクレールにも日本国内の輸入総代理が存在します。現在は日本法人によって販売されている欧州のハイブランドも、かつては輸入総代理によって販売されていたことがあるのです。

身の回りの海外製品を「輸入総代理」というキーワードとともに検索してみてください。あらゆる海外製品の陰に輸入総代理の存在があることに気付くはずです。

第1章 魅力
The Exclusive Distributorship in Japan

02 輸入総代理が必要とされる理由

海外メーカー、国内の販売者双方にメリットをもたらす

海外メーカーはなぜ輸入総代理を必要とするのでしょうか。その理由を知ることは、これから輸入総代理の権利を獲得する人にとって重要です。

先ほど挙げたリモワやビルケンシュトックは、いずれもドイツを本国とするメーカーで、世界的に人気の有名ブランドです。しかし、以前は日本においてあまり知名度がありませんでした。

遠くドイツにある本社から、消費者の好みもわからない異国の地に拠点を作って自力で販売するのはリスクが大きすぎます。そもそもアジアの東の果てにある日本で販売するという考えなど、まったくなかったかもしれません。

そこにリモワのスーツケースに惚れ込み、「日本で売りたい」と申し出てくる日本人が現れたとします。リモワ社がこの要求に応じ、輸入総代理契約を結べば、日本という異国の地で販売機会を得ることができます。

メーカーは、自分たちが魂を込めて作ったものを多くの人に使ってもらいたいと思っています。輸入総代理契約を、信用できる人や企業と締結できれば、日本国内に事務所を構えたり、社員を日本に常駐させることなく、**日本での販売を輸入総代理に任せることで、低リスクで自社製品を売ることができるのです。**

海外メーカーにとって、世界第3位の経済規模を持つ日本の市場は魅力的です。自分たちが作った商品が、目の肥えた日本の消費者

● 第1章 ● 「輸入総代理」の魅力

海外メーカーから見た輸入総代理の必要性

- 自社製品を自国以外で売りたい
- ある程度の組織規模（資金・人員など）がなければ海外への自力進出は現実的に難しい
- 本国でモノ作りに徹したい
- 日本という国の信頼性・経済規模・ブランド性は魅力的

に受け入れられれば、海外メーカーにとっても大きな喜びになるに違いありません。

一方、**輸入総代理になった側も、日本で独占的に販売できる権利を得られるわけですから大きなメリット**です。このように輸入総代理という仕組みは双方にメリットがあるわけです。

そして、私たちが日本人であることも有利です。外国人のなかには、「日本人は信頼できる」と考えている人が多いからです。

もちろん、日本人であるだけで信頼を得られるわけではありませんが、海外と交渉するうえで、日本人であることが有利に働く場合も少なくありません。

第1章 魅力

03 輸入総代理と並行輸入の違い

海外から独自に輸入する「並行輸入」も認められている

輸入総代理契約が結ばれている商品において、その契約を結ぶ当事者間のルートとは別に、輸入総代理契約を持たない人が商品を輸入することを「並行輸入」と呼んでいます。それについて説明しておきましょう。

18ページで前述したように、リモワ社の製品を扱うのは、輸入総代理から商品を仕入れて販売する正規販売店だけではありません。

独自のルートを使って商品を輸入・販売する「並行輸入業者」も多数存在します。

輸入総代理契約によって日本に輸入される商品は、商品代に輸送コスト、関税、輸入総代理や販売店の利益などを上乗せするので、一般的に本国の価格より高い価格で販売されます。

たとえば、リモワ社には「トパーズ」というアルミ製スーツケースがあります。容量64リットルのものだと、日本での販売価格は12万9600円、一方、本国ドイツでの販売価格は約607ユーロ（税抜、1ユーロ＝130円で約8万円、調査時点）です。並行輸入業者は、この内外価格差に目をつけ、海外から安く仕入れ、正規品より安い価格で販売します。

輸入総代理に独占的な販売権があるなかで、並行輸入をする業者はルール違反にも思えますが、結論からいえば、**並行輸入は法律で認められています**。正規輸入品との価格競争を促進する効果があるからです。逆に輸入総代理が価格維持のために並行輸入を阻害する

22

● 第1章 ● 「輸入総代理」の魅力

輸入総代理（正規輸入）と並行輸入の違い

	並行輸入	総代理
他社への卸し	やりにくい △	可能 ○
プロモーション	やりにくい △	可能 ○
メーカーからの協力	不可能 ×	可能 ○
展示会への出展	不可能 ×	可能 ○
信用度	低〜中程度 △	高い ○

並行輸入は、他者が築き上げた知名度に便乗するため、有名な商品か流通量の多い商品にかぎられるが、輸入総代理であればニッチな商品や変わり種商品など世界中のあらゆる商品を対象にビジネスができる。

行為を行うことは独占禁止法で禁止されています。

消費者側から見れば、並行輸入品のメリットは正規品より安いことですが、デメリットもあります。正規品にはアフターケアなどのサービスが付帯しますが、並行輸入品はそうしたサービスがないのが一般的です。

たとえば、リモワの輸入総代理である林五の場合、「商品の保証内容は正規販売代理店で購入した製品にかぎり製造元保証に準ずる5年間の製品保証」とうたっています。

正規輸入品と並行輸入品の違いを上表にまとめたので確認しておいてください。

第1章 魅力

04 輸入転売ビジネスを長く続けるのは簡単ではない

価格競争で勝てなければ敗北するビジネス

昨今、「輸入転売ビジネス」が話題です。世界最大のオークションサイト「eBay」(http://www.ebay.com/)などを使って商品を購入し、購入価格に利益を上乗せして日本最大のオークションサイトであるヤフオク (http://auctions.yahoo.co.jp/) やAmazon (http://www.amazon.co.jp/) などで販売するビジネスです。

輸入転売は、並行輸入の一つの形態で、内外価格差があって、かつ日本で売れている商品を輸入するのが基本です。

他者が築き上げたブランドや商品の知名度に便乗するため、人気ブランドや有名商品でなければ、ビジネスが成立しないのが特性といえます。

さまざまなルートで輸入された並行輸入品は、「正規品に比べて「価格が安い」ことはもちろんですが、並行輸入を行うライバルがその人気商品を大量に輸入すれば、安さを競う価格競争が激しくなり、「価格」のみが、業者間の優劣を決定づける最大の要因になってきます。

売れる商品であれば、つねにライバルの参入があるため、価格競争は激化するばかりです。

たとえば、eBayのオークションで仕入れるにしても、同じ商品を仕入れたい人が多ければ落札価格に上昇圧力がかかります。落札後も日本国内にその商品を売りたい競合が多ければ、大きな利益を上乗せできない——と悪循環に陥ることも少なくありません。

売れる商品ほど、仕入れ値と販

● 第 1 章 ● 「輸入総代理」の魅力

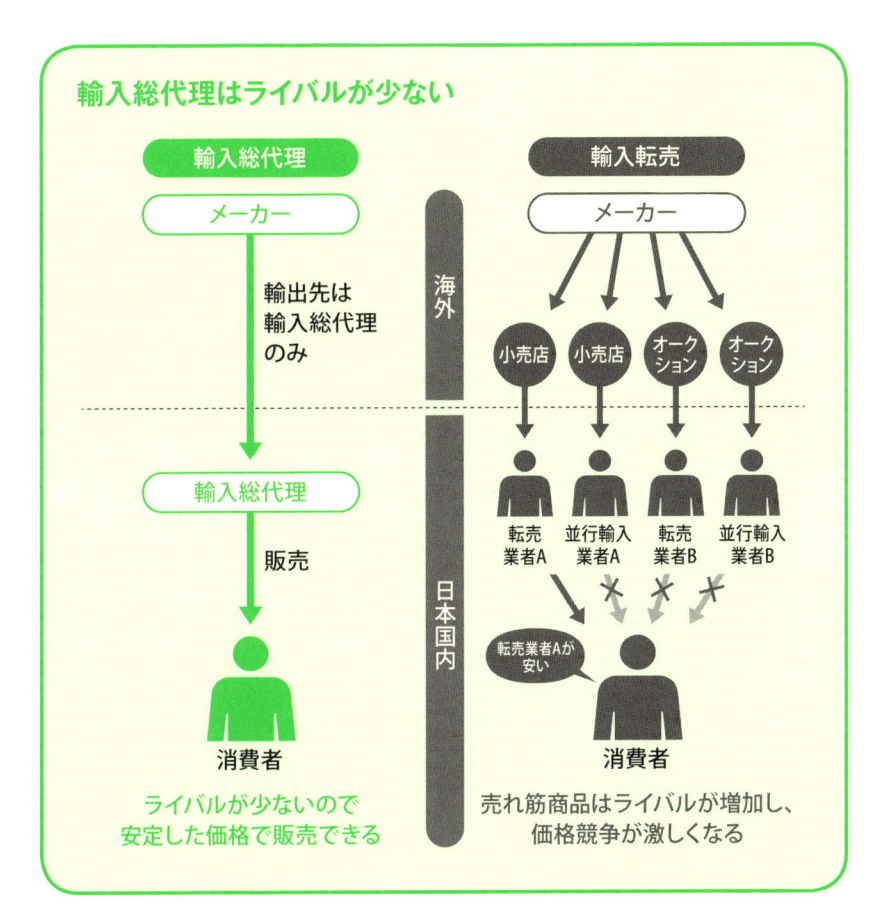

輸入総代理はライバルが少ない

輸入総代理
- メーカー
  - 輸出先は輸入総代理のみ
- 輸入総代理
  - 販売
- 消費者

ライバルが少ないので安定した価格で販売できる

輸入転売
- メーカー
  - → 小売店、小売店、オークション、オークション
  - → 転売業者A、並行輸入業者A、転売業者B、並行輸入業者B
- 消費者（転売業者Aが安い）

売れ筋商品はライバルが増加し、価格競争が激しくなる

売価格の利ザヤが小さくなるため、つねに利ザヤが大きい新商品を探し続けるのが、このビジネスの宿命といえます。

新しい商品を見つけても、すぐに競合が増え、価格競争に巻き込まれる……この繰り返しです。

輸入転売ビジネスは瞬間的に大きな利益をもたらすことはありますが、長期安定で稼ぐのは簡単ではありません。また、ブームが過熱気味の商品は、その収束を見極めないと、不良在庫を抱え、大損失を被るリスクが高くなります。

一方、国内で独占的にその商品を扱える輸入総代理は基本的にライバルは少なく、価格競争に巻き込まれるリスクが低いといえます。

第1章 魅力

05 なぜ今、輸入総代理ビジネスなのか？

数少ない「権利ビジネス」

輸入総代理は一般人でもできる

輸入総代理について簡単に紹介してきましたが、なぜ輸入総代理ビジネスが魅力的なのか説明していきましょう。

すでに成熟国家となった日本では、ほぼすべての分野の産業で既存の大手企業が存在しており、新規参入が難しくなっています。高度経済成長期のような大きな成果は望めず、賃金も上昇しづらくなるなか、時代が変化するスピードは速くなり、競争は激化する一方です。

なにか新しい商売を始めて成功しても、すぐに模倣したライバルが出現して、一過性のブームで終わることも少なくありません。

たとえば、ラーメン店で考えればわかりやすいでしょう。一世を風靡（ふうび）した行列店が、いつの間にかなくなっていたというのはよくある話です。ラーメン店は新陳代謝が激しく、新規参入がこれからも続いていきます。そのなかで商売を続けていくのは大変です。

一方、輸入総代理は、海外の製品を日本国内で独占的に扱うことができるので、他者の新たな参入による影響を受けづらいという構造的な強みを持っています。

取り扱い商品がヒットしても、ラーメン店のようにライバルを気にすることなく、継続的に利益を上げられる強みがあるのです。

マーケティング用語で、血で血を洗うような激しい競争が行われている分野のことを「レッド・オーシャン（赤い海）」といいます。

たとえば、極限の価格競争を行

第1章 「輸入総代理」の魅力

う牛丼チェーン業界などが、まさしくこの例に当たりますが、世のなかの多くの分野は、すでにレッド・オーシャンになっています。

並行輸入ビジネス、輸入転売ビジネスも典型的なレッド・オーシャンといえます。

一方、レッド・オーシャンの対義語に、「競合相手がいない」ことを表す「ブルー・オーシャン」という言葉があります。しかし、世のなかを見渡しても、ブルー・オーシャンはほとんどありません（見つけようとしても、なかなか見つからないはずです）。

「ブルー・オーシャン」でビジネスを展開できる輸入総代理は、それゆえ魅力的なのです。

輸入総代理は誰でもできる「ブルー・オーシャンビジネス」

一般的な"文系の凡人"が行えるビジネスで、
他者から参入されにくく、
落ち着いて長期間稼ぐことのできるビジネスには、
どのようなものが考えられるのか？

＜参入が難しい＞

- ブランドビジネス / 老舗ビジネス
- 超絶立地での自己店舗や自己不動産経営
- 高度専門職（職人系・技術系）
- 利権ビジネス
- 日本の商品やサービスの独占販売ビジネス

＜参入がしやすい＞

輸入総代理ビジネス

第1章 魅力

06 輸入総代理の魅力① 少ない資本で始められる

店舗が必要ないのは大きなメリット

輸入総代理ビジネスを始めようとしたとき、まず気になるのがお金の問題ではないでしょうか。

結論からいうと、店舗を構えなければ、多額の資金は必要ありません。

もちろん取り扱い商品によって、入用な資金は変わってきますが、輸入総代理ビジネスは店舗を持つ必要がない点が大きな魅力なのです。

その最大の理由は、海外メーカーから輸入した商品を既存の販売店で販売してもらう「卸売り」を中心にビジネスを行えば、必ずしも自分で販売する必要がないからです。

つまり、**誰かに販売を委託すれば、店舗を持つことがマストの条件にならないわけです。**

実際に店舗を持つと、テナントを借りるときの保証金、店舗の内外装費用、店頭で販売する商品の仕入れ代金などの初期投資はもちろんのこと、開店後のテナント代、店員の人件費、光熱費などの固定費を賄う運転資金が必要です。

商品が売れて、利益が出ていれば固定費が大きくても負担になりませんが、輸入総代理ビジネスを始めて、すぐに商品が売れるとはかぎりません。むしろ、日本で認知されていない商品がすぐには売れない場合がほとんどです。

商品が売れなくても、固定費の支払いはしなければいけませんから、利益が上がらないなかで、ある程度の負担を覚悟しなければ

● 第1章 ● 「輸入総代理」の魅力

けません。

店舗を持つ場合、初期投資＋運転資金は、少なくとも数百万円、多く見積れば1000万円以上になることも珍しくありません。

大きな元手は必要なし
だから誰でも始められる

ビジネスを始める際に、まず心配になる「資金」が従来のビジネスに比べて格段に少ないのはメリットです。

こうしたことから、店舗が必ずしも必要ではない輸入総代理は、資金力による差がつきにくいのです。たとえ資金力がなくても、「魅力的な商品」を見つけることができれば、大資本のライバルにも勝

つ可能性を秘めているわけです。

国内に大手下着メーカーがあるなか、5つのお店を持つ下着屋さんが輸入総代理になり、日本で大ヒットしたのが「ヌーブラ」です。革命的な女性用下着が大ヒットしたことで、その会社は海外進出を果たすなど業容を拡大しています。

魅力的な商品、時代に合った商品は、たとえ派手なテレビCMや新聞広告を打たなくても、お客様がそのよさを発見して、口コミなどで広めてくれるものです（もちろん、商品の魅力を自社のウェブサイトなどで、できるかぎり伝えることは必要ですが……）。

第3章で商品発掘について説明していきますが、そこで「日本で

売れる商品」を見つけることができれば、安定した収入を得ることができるのです。

卸販売やネットショップの
有効活用が大事

もちろん、自分で販売してもかまいません。

たとえば、自らのネットショップで販売すれば、工夫次第でコストを低く抑えることができます。私が主催するセミナーの受講生で、輸入総代理を獲得した人たちの多くは、実店舗を持たずに、卸販売やネット販売で成果を上げています。ネットショップを軌道に乗せてから、実店舗のことを考えても遅くはありません。

第1章 魅力
The Exclusive Distributorship in Japan

07 輸入総代理の魅力② ワクワクできる数少ないビジネス

ヒット商品を生み出し時代を大きく動かす可能性も

「日本にはなんでもある」

そう思ってはいないでしょうか。

たしかに、日本にはモノも情報もあふれていますが、**世界は広く、私たち日本人が知らない「素晴らしい商品」「ユニークな商品」「便利な商品」は、まだまだたくさんあります。**

たとえば、記憶に新しいところでは、29ページでも触れた女性用下着のヌーブラがあります。

ある日本人が「逸品なのに日本にはないから、売れるかもしれない」と目をつけ、輸入総代理を取得したことで大きなビジネスに発展しました。

今や女性で知らない人はいないヌーブラですが、そのスタートは小さなマンションの1室からだったそうです。

今、大ヒットしている商品も、すべて潤沢な資金があったというわけではないでしょう。

たとえ、資金力が劣っていたとしても日本人の心に刺さる商品を取り扱えば、想像以上の成果を上げられるのです。

本書は一時的に巨額の収益を上げるより、長期的な安定収益の獲得を目指しています。**時代の流れや消費者のニーズに合致した商品を取り扱えれば、想像以上の大ヒットになる可能性を秘めています。**

夢を持ちづらい閉塞感が漂う時代にあって、「輸入総代理」は、ワクワクする「夢」を持てる数少ないビジネスといえるのです。

● 第1章 ● 「輸入総代理」の魅力

**輸入総代理ビジネスで
ヒットした商品**

製品名：フィットデスク（FitDesk）
輸入総代理：株式会社 POD
URL：http://pod-e.com/

製品名：カナディアーノ（Canadiano）
輸入総代理：Canadiano Japan
URL：http://www.canadiano.jp/

製品名：loudbasstard
輸入総代理：CMO 合同会社
URL：http://loudbasstard-jp.com

第1章 魅力
The Exclusive Distributorship in Japan

08 輸入総代理の魅力③ 堅実な収入基盤になる

一度ノウハウがわかれば安定したビジネスが可能に

時代が移り変わるスピードはますます激しくなっています。

一気に店舗数を拡大したチェーン店が、数年後には次々に閉店したり、一時もてはやされた企業があっという間に業績不振に陥ることも少なくありません。サラリーマンにとってもリストラは珍しい話ではなく、一寸先は誰にもわからないのが現状です。

こうした浮き沈みの激しい世のなかで、堅実な収入源を確保できるのが輸入総代理ビジネスです。

30ページでは、ヒット商品を生み出すこともできるといいましたが、本書のスタンスは、あくまでも継続して安定的に輸入総代理で稼ぐことを目指しています。

私は、目安として一つの総代理商品で「最低月に5万円、理想的には月20万円以上の利益」を目標にしています。

輸入総代理ビジネスの強みとして、**一度、輸入総代理になって独**占販売権を獲得すれば、そのノウハウを異なる商材でも利用できる点が挙げられます。

つまり、初めて独占販売権を得た商品Aが、月5万円の利益しか生み出さなかったとしても、新たに商品を発掘し、商品B、商品Cといったように、輸入総代理として契約した経験を活かして、取り扱い商品を増やしていくわけです。

こうすることで、一つの商品の収益に頼らないビジネスにしていけば、株式投資でよくいわれる分散投資と同じような効果が得られ

● 第1章 ● 「輸入総代理」の魅力

輸入総代理を一度獲得すると……

輸入総代理獲得 → 商品A

一度、輸入総代理を獲得すると、そのノウハウが活きて、次の商品の輸入総代理を獲得しやすい

2回目以降は……ノウハウがあるので交渉がラクに → 商品C／商品B／商品A　利益の積み上げ

ます。たとえ商品Aがダメになっても、商品B、商品Cが堅調なら、その影響は限定的になります。

こうして取り扱い商品を増やす過程で、幸いにしてヒット商品が生まれれば、大きなビジネスに発展する可能性も増えてきます。

日本で輸入総代理として販売実績を積めば、新たな輸入総代理契約を結ぶときに、その実績を交渉相手に示すことができ、より契約しやすくなる効果も期待できます。

たしかに、最初に輸入総代理契約を獲得するまでは不安かもしれません。

しかし、**一度、輸入総代理契約を結べば、その先には新たな道が開けてくるのも事実です。**

第1章 魅力
The Exclusive Distributorship in Japan

09 輸入総代理の魅力④ 都会・地方の格差が小さい

地方在住でも大丈夫 むしろメリットになる場合も

一般的にビジネスをするうえで有利なのは、人口が少ない地方より東京、大阪などの大都市圏です。

しかし、**輸入総代理ビジネスは、そうした居住地域による有利・不利はそれほど大きくありません。**

地理的な差はほとんどないのです。

たとえば、自宅に置けないような大きな商品を扱う場合、商品を保管する倉庫が必要になることがあります。倉庫を借りるなら、賃料が高い都市圏よりも賃料が安い地方のほうが有利です。自宅以外に事務所を構える場合も、地方のほうが賃料は安いですから、より少ない資金で済みます。

もちろん、たとえ賃料が高くても、より多くの集客を望むなら、人口が多い都市圏のほうが圧倒的に有利ですが、28ページでも説明したとおり、**輸入総代理ビジネスは店舗を持つ必要がありませんから、大きなデメリットにはならない**いわけです。

じつは、このような特性を持つビジネスはそれほど多くありません。やる気さえあれば、どこにいても、誰にでもチャンスがあるビジネスといえます。

ただし、場所を問わないことのデメリットもあります。それは同じ志を持つ仲間が見つけづらいことです。私のセミナーに参加する人は全国各地からいらっしゃいますが、やはり東京、大阪近郊の人が多くなっています。住まいが近い人同士は、情報交換も活発ですし、定期的に会って刺激し合う良

34

● 第1章 ● 「輸入総代理」の魅力

地方と都市のメリット・デメリット

	地方	都市
メリット	●テナントや倉庫などの賃料が安い ●人件費が安い	●仲間を見つけやすい ●セミナーなどが多く、参加しやすい ●販売委託先を探しやすい ●展示会に参加しやすい
デメリット	●仲間を見つけづらい ●セミナーなどが少ない ●販売委託先を探しにくい ●展示会が近くで開催されない	●テナントや倉庫などの賃料が高い ●人件費が高い

好な関係を築いています。仲間がいれば、直接会って情報交換や相談をしやすくなりますが、周囲に仲間がいなければ、それはなかなかできません。このデメリットを解消するために、輸入ビジネスを行う人が集う場に参加するのは、仲間を見つける手段としてはいいでしょう。

また、輸入総代理ビジネスの醍醐味である委託販売を始める際にも、やはり会社が多い都市部のほうがアプローチしやすいので有利です。

しかし、こうした地理的なハンデは、インターネット、電話などの通信手段を利用することで、もちろん軽減できます。

第1章 魅力

10 英語ができなくても輸入総代理ビジネスはできる

英語力なしでも成功できるが商品発掘なしに成功はできない

輸入総代理ビジネスは海外とのやりとりが必ず発生します。中国の会社とやりとりするのであれば中国語、タイの会社ならタイ語といったように、その国の言葉でやりとりすることができればベストですが、英語でやりとりするのが一般的です。

結論からいえば、英会話や読み書きができたほうが有利ですが、英語がダメな私でも、輸入総代理ビジネスを立派にこなしてい

英語ができなくても、輸入総代理ビジネスをするうえではたいした問題にはなりません。

ネイティブ並みの英語力を持っていると誤解されることも多いのですが、私は、はっきりいって英語が苦手です。これは謙遜ではありません。正直、外国人とのビジネス交渉を英語で行うのは不可能なレベルです。

「英語が使えないのに、輸入総代理ビジネスができるわけがない」

そんな声が聞こえてきそうですが、英語がダメな私でも、輸入総代理ビジネスを立派にこなしている

ます。

第4章で海外メーカーへのアプローチ・交渉・契約の進め方を説明しますので、そこで詳しくタネ明かしをしますが、輸入総代理ビジネスにとって、英語力はさほど重要ではないのです。

英語力は少しのコストでいくらでも補える

今の時代、インターネットを使えば、コストはかかりますが翻訳してもらったり、通訳してもらうことで自分の不足している英語力

● 第1章 ●　「輸入総代理」の魅力

> 輸入総代理ビジネスに必要な能力
>
> # 商品発掘能力　＞　英語力
>
> ●商品発掘能力が低い場合
>
> 商品を探し当て、
> その商品でビジネスを始める
> 決断をするのは自分。
> 他人に商品を
> 発掘してもらうのは難しい。
>
> ●英語力が低い場合
>
> 翻訳会社などの専門家に
> 代行してもらうことができる。
> 英語が得意な人は
> たくさんいる
> （低料金のところも多い）。

そもそも、思い入れを込めて熱く語れるような商品がなければ、英語力があっても、海外のメーカーを説得できないでしょう。よくいわれることですが、相手に話したい内容がなければ、日本語、英語に関係なく、その語学力は発揮しようがないのです。

言霊という言葉があるように、あなたの思い、熱意は言語を超えても伝わります。それは直接話す電話にかぎらず、メールなどでも伝わってしまうものです。

「輸入総代理として私に任せてほしい」と伝えるために最も必要なことは英語ではなく、熱意です。

もう一度、繰り返しますが、英語に自信がなくても、まったく問

を補えます。こうした業務を行う業者はたくさんあるので、インターネットで検索すれば、比較的、簡単に見つけられます。

しかし、売れそうな商品を代わりに見つけてくれる業者はありません。自分で発掘しなければいけないのです。いくら英語力があっても、取り扱う商品を発掘できなければ輸入総代理ビジネスの成功はありません。

つまり、英語の能力より、商品を見つける能力のほうがよほど重要ということです。

商品発掘については、第3章で説明しますが、英語の心配をするくらいなら、商品発掘のことを心配するべきでしょう。

英語が不得手でも活躍している人はたくさんいる

海外に行ったとき、言葉がわからなくてもなんとなく意思疎通できたという経験がある人は少なくないのではないでしょうか。

そのときのことを思い出してください。きっと、「この品物がほしい」「お水をください」「この料理は注文したものと違う」「このホテルへ行きたい」と、その時々に必要なことを伝えるために、一生懸命に英語の単語をひねり出していたはずです。

そのとき、英語を話せないからと無視する外国人よりも、「この人はなにをいいたいのだろう」と理解しようと努めてくれる人が多かったのではないでしょうか。

もちろん、ビジネスですから旅行者と同じようにいかない面もあります。とはいえ、「ビジネス英語だからフォーマルに」と肩肘を張るのではなく、伝えたいと思うことを伝えればいいのです。

ここまで「英語力がなくても大丈夫」と強調するのは、英語力がないからとあきらめてしまう人があまりにも多いからです。

輸入総代理ビジネスは、あなたの生活を大きく変える可能性がある夢のあるビジネスです。長らく続いた不況もあって、「夢」を語りづらい時代だからこそ、みなさんにも新たな可能性を見つけてもらいたいと思っています。

輸入総代理ビジネスの具体的な方法を説明する前に、第2章では、私とのご縁があり、実際に輸入総代理を獲得した6名の方を紹介していきます。そのなかで英語を流暢に話せる人は一人もいませんが、会社社長、脱サラして独立した人、サラリーマンといった、バックグラウンドが異なる6名の方はいずれも輸入総代理ビジネスを着々と前進させています。

やり方次第で輸入総代理ビジネスを展開できるということをぜひ実感してください。

… 第2章

「輸入総代理」の
いろいろなカタチ

第2章 事例

01 高機能松葉杖「スマートクラッチ」
ケース① 池松洋一さん

ミュージシャンから輸入総代理の世界へ

「2年前からは想像できないほど人生が変わりました」

そう語る池松洋一さんは、現在、高機能松葉杖の輸入総代理を獲得し、この事業を本業にしています。

それ以前は、トラック運転手をしていたとのことですから、かなり思い切った転身です。

池松さんは、英語が得意というわけではなく、貿易実務に明るいわけでもありませんでした。

しかし、今では高機能松葉杖「スマートクラッチ」とアメリカ・ニューヨーク発の子ども向けアクセサリーの輸入総代理として、株式会社ジーニアスインターナショナルの経営者を務めています。

なぜ、トラック運転手をしていた池松さんが輸入総代理になろうと思ったのかは、過去に遡らなければいけません。

じつは、池松さんは若かりし頃、音楽の道を志していました。

「ヤマハの音楽コンテストで優勝し、デビューすることが決まっていました。しかし、デビュー直前に昭和天皇が崩御され、日本全体が自粛ムードになったことで、デビューの話が立ち消えになってしまったんです」

当時、池松さんのバンドは、デビューはしていなくても、ライブハウスでお金をもらって演奏するセミプロのような感じだったといいます。

「渋谷のNHKのあたりでバンドが演奏する、いわゆる"ホコ天"ブームの真ん中にいたんですよ。多いときは600〜700人の聴

● 第2章 ● 「輸入総代理」のいろいろなカタチ

衆が私たちを取り囲んだほどです。
正直、当時はそこそこの人気がありましたし、某大手音楽事務所とも契約していましたから、一度、デビューがダメになっても、すぐにチャンスがめぐってくると思っていましたね」

しかし、そこから苦難の時代が続いたといいます。
池松さんのバンドの音楽性が流行から少しずつズレてしまったこと、音楽だけでは生活ができなくるにはトラック運転手をやめなければいけません。
そこで考えついたのが、輸入転売の仕事でした。これまでに貯めてきた100万円ほどの貯金を元手にそれを始めたのです。
その輸入転売について調べるうちに、私が主催する輸入総代理ビジネスのセミナーの情報に触れたのが、私との出会いのきっかけです。
「正直な話、石崎さんのセミナーが紹介されているホームページを

自宅兼事務所で「スマートクラッチ」を見せてくれた池松さん。
輸入総代理ビジネスを始めて人生が大きく変わったという。

なって始めたアルバイトのトラック運転手がだんだん本業のようになっていったことで、一人で曲作りをすることはあったものの、音楽の道から少し遠ざかるこ

とになってしまったのです。
そうして、月日はずいぶんと流れていきました。
音楽へのあきらめきれない思いがありますが、その夢を追いかけ

見ながら、本物だろうかと思いました。でも、そこにあった動画を繰り返し見たのですが、4回目に、なぜかセミナーに参加しようと決心がついたのです」

池松さんは、精力的に自らが手がける商品を探しました。

そして池松さんは、南アフリカを拠点とする企業が作っている「スマートクラッチ」という松葉杖を見つけます。レース中の事故により下肢麻痺となった元モトクロス選手の弟を持つコリン・アルバーティン氏が、弟のために、医師や人間工学の専門家などと協力して開発したものです。弟の声を取り入れながら、使いやすさを追求し、肘を曲げた状態で身体を支

えられるようになっています。肘から下で杖全体を支えるため、通常の松葉杖に比べ、身体への負担が約1/6に低減されるだけでなく、片手の重さはわずか1kgと軽量で、機能的にもすぐれたものでした。

写真でもわかるように、見慣れた松葉杖とは一線を画すスマートクラッチを見たときに、「ステレオタイプの医療器具ではない。これならいけるかもしれない」と思ったそうです。

交渉開始から
つまずきの連続

しかし、交渉を始めると苦労の連続でした。冒頭にも書いたよう

に池松さんは英語が得意ではありません。契約に至るまでにメールのやりとりは280通にも及びました。

サンプルを取り寄せると、外箱がドロドロの状態になったものが届いたそうです。日本人の感覚では、到底受け入れられるものではなかったといいます。

そして、交渉時に最大の問題になったのが、初期の納入数です。

当初、池松さんはロットとして1年目100本、2年目500本、3年目1000本が限度と考えていました。ところが、先方は「いい商品だから」と強気な姿勢で、それよりはるかに多い1年目600本、2年目1500本、3

● 第2章 ● 「輸入総代理」のいろいろなカタチ

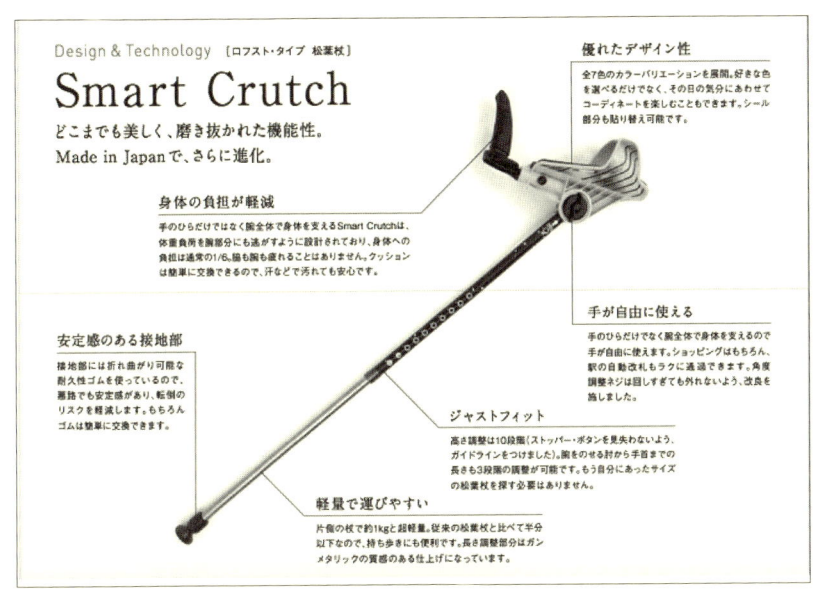

Design & Technology 〔ロフスト・タイプ 松葉杖〕
Smart Crutch
どこまでも美しく、磨き抜かれた機能性。
Made in Japanで、さらに進化。

優れたデザイン性
全7色のカラーバリエーションを展開。好きな色を選べるだけでなく、その日の気分にあわせてコーディネートを楽しむこともできます。シール部分も貼り替え可能です。

身体の負担が軽減
手のひらだけではなく腕全体で身体を支えるSmart Crutchは、体重負荷を腕部分にも逃がすように設計されており、身体への負担は通常の1/6、脇も腕も擦れることはありません。クッションは簡単に交換できるので、汗などで汚れても安心です。

安定感のある接地部
接地部には折れ曲がり可能な耐久性ゴムを使っているので、悪路でも安定感があり、転倒のリスクを軽減します。もちろんゴムは簡単に交換できます。

手が自由に使える
手のひらだけでなく腕全体で身体を支えるので手が自由に使えます。ショッピングはもちろん、駅の自動改札もラクに通過できます。角度調整ネジは回しすぎても外れないよう、改良を施しました。

ジャストフィット
高さ調整は10段階(ストッパー・ボタンを見失わないよう、ガイドラインをつけました)。腕のせる部分から手首までの長さも3段階の調整が可能です。もう自分にあったサイズの松葉杖を探す必要はありません。

軽量で運びやすい
片側の杖で1kgと超軽量。従来の松葉杖と比べて半分以下なので、持ち歩きにも便利です。高さ調整部分はガンメタリックの質感のある仕上げになっています。

池松さんが輸入総代理として日本国内での販売を手がける、新しいタイプの松葉杖「スマートクラッチ」(http://smartcrutch.jp)。

年目3000本という数字を提示してきたのです。最初の1年間で600本となると、必要な資金は当初の予定を大幅に上回ります。

それでも、池松さんは惚れ込んだスマートクラッチを信じ、その提示を受け入れたのです。

イト・フォワーダーと呼ばれる貨物利用運送事業者と話し合いをしたりと慣れない交渉が続きます。そこをなんとか乗り切り、販売を開始すると、当初不安だらけだった600本を予想以上のペースで完売できたのです。

生産中止で入荷がストップ

しかし、改めて南アフリカから送られてくる商品を日本人視点で精査していくと、改良を加えたい点がいくつも出てきました。それだけでなく、衝撃を緩和するウレタン部分の剥がれ、粗雑なプラスチック加工など、品質に関するさまざまな問題も露見したのです。

その後も厚生労働省に問い合わせたり、フレ

その問題は、思った以上に大きなものでした。池松さんは毎日のように倉庫へ行き、検品する日々が続きました。

不具合がある商品は、それを補修しても新品として販売はできません。アウトレット品として、ディスカウント価格でしか売れず、利益がどんどん減っていきました。

池松さんは、本国メーカーに商品改善要求を出します。そのいくつかは反映されましたが、再三の指摘に対し、未熟なスキルしかない南アフリカの工場は、ついには「これ以上の改善要求は無理だ」と白旗を上げてしまったのです。

メーカー側は、池松さんのもっともな提案を聞き入れ、より高い品質を目指していたそうですが、メーカーと工場の関係が悪化し、メーカーが工場との契約解除に踏み切ったことで、ついに生産がストップしてしまいました。そして2014年10月にはスマートクラッチを仕入れることができなくなってしまったのです。

日本での製造を決意 新たな挑戦が始まる

この絶体絶命の窮地には、「ここまでか……」となるのが普通でしょう。しかし、池松さんは、自分の人生をかけたスマートクラッチでビジネスを続けることをあきらめませんでした。そこで、本国のメーカーに、技術力がある日本の工場で製造することを提案したのです。

メーカーから「OK」の返事をもらい喜んだのも束の間、さらなる試練が続きます。

メーカーから許可が下りた翌日、かねてから依頼していた金型の見積もりが送られてきました。

金型は、モノを作るときに必ず必要になるものです。その見積額が「1000万円」と、予想をはるかに超える金額だったのです。

最後の手段に打って出て 奇跡が起きる

「今度こそは、もうダメだ……」池松さんの心は折れかけていたに違いありません。

● 第2章 ● 「輸入総代理」のいろいろなカタチ

それでも最後の手段として、インターネット上で資金調達をする「クラウドファンディング」という方法で、金型の費用の半額、500万円の調達を試みたのです。期間は2カ月。その期間内に目標額が集まらなければ、夢をあきらめなければなりません。

一方で、見ず知らずの人に資金提供をお願いすることに池松さんは逡巡する気持ちがあったといいます。

池松さんは、日本人にフィットする商品にするため改良を重ねてきたが、満足できる品質に至らなかったため、ついに日本で自ら生産するという大きな決断をすることになった。

しかし、手段が残されていない池松さんは、スマートクラッチの有用性、日本で製造する意義を、ユーチューブなどを使って自分の思いとともに訴えていきました。

その甲斐もあって、最終的には目標の500万円を大幅に上回る約1400万円の調達に成功しました。そして、2015年11月、念願の日本製スマートクラッチの発売にこぎつけたのです。

交渉時、契約後、販売開始後と、思いどおりにならないことはあらゆる場面で起こります。しかし、池松さんのようにあきらめずに挑戦すれば、必ず道は開けます。このことが輸入総代理ビジネスの成功に最も必要なことなのです。

第2章 事例

02 竹製スピーカー「loudbasstard」
ケース② 下村千恵子さん

経理業務と転売の2本柱で起業

主婦として子どもを育てながら、派遣社員として経理の仕事を続けていた下村千恵子さん。子どもが大きくなるにつれ、自由な時間が増えたことを契機に、お小遣い稼ぎの感覚でヤフオクなどを使った転売を副業で行うようになったそうです。

下村さんには、その才覚があったのでしょう。商品が売れるようになり、入金確認や注文への対応などで忙しくなってきました。当初は趣味の延長線上といった感じで始めたものの、本業である経理の仕事を圧迫するようになってきました。そういった状況になったことで、下村さんは経理の仕事を「会社ではなく、家でできないだろうか」と考えるようになったそうです。

「経理事務のアウトソーシング事業と転売を両立させることはできないだろうか」

経理の仕事は、つねにお金を扱う仕事です。私も会社の経営者ですから、経理業務は信用できる人でないとアウトソーシングしづらいことはよくわかります。

派遣社員として働いている会社に思い切って、そのプランを話すと、「月単位で契約するのでお願いします」と、色よい返事が戻ってきました。

それをきっかけに、下村さんは独立を決意します。

そして、本業である経理のアウトソーシング事業と副業である転売などを行うネット通販事業を2本柱とする会社を立ち上げること

46

● 第2章 ● 「輸入総代理」のいろいろなカタチ

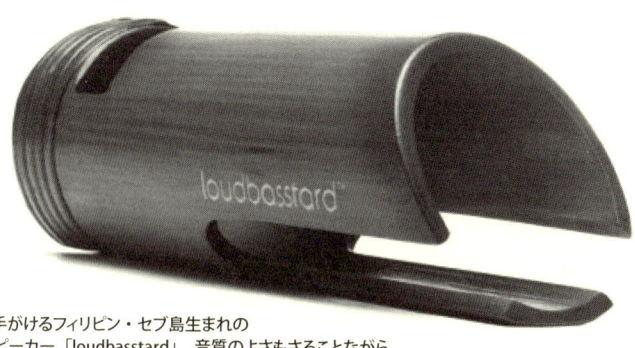

下村さんが手がけるフィリピン・セブ島生まれのBambooスピーカー「loudbasstard」。音質のよさもさることながら、スタイリッシュなデザインで人気に。電気を使う工具を使用せず、手作りされ、環境に優しいのも特徴の一つだ。

自分だけの商品を求めてタイへ

本人にそこでのマンション投資の話に誘われ、その話に乗ってしまいます。

タイなどの東南アジアでは、プレセールといって、モデルルームができあがる前の段階で、マンションの住戸を販売することがよく行われます。

こうしたプレセールは「建物の完成時には値上がりが確実」ということをセールストークにしています。実際に、完成後に値上がり益を得られることも少なくありませんが、一方で、急激な景気変動があると、未完成のままマンションの建設業者が倒産してしまうといった大きなリスクもはらんでいます。

下村さんは、現地で知り合った日本人にあてもなく旅立ったそうです。

ところが、商品を探しに行ったところ、縁もゆかりもないタイへあてもなく旅立ったそうです。

さっそく、下村さんは、縁もゆかりもないタイへあてもなく旅立ったそうです。

そこで最初に目をつけたのが、物価が安いタイのプロダクトでした。

「ほかの人と同じモノではなく、自分のところだけで販売できる商品はないだろうか」

ときに、こう思ったそうです。その

独立するとすぐに商品を販売するサイトを立ち上げました。その

になったのです。

なかなかピンとくる商品が見つからない焦りもあって、冷静な状況判断ができなかったのかもしれません。下村さんは、プレセールの現地マンションに手付金を入れ、購入申し込みをしたのです。

結局、自分のネットショップで販売する商品を見つけることはできずに、マンションの契約をしてきました。

帰国すると、「まだモデルルームすらないマンションに手付金を払うなんて、リスクが大きすぎる」と家族に大反対され、その契約は破棄することになったそうです。

下村さんは、強い思い入れで切り拓いた「loudbasstard」の輸入総代理ビジネスをエンジョイしているという。

なんとなく開いたメールが転機になった

帰国直後に、大きな事件が起きます。なんと、階段から落ちて救急車で運ばれるほどの大ケガをしてしまったのです。

そのときにこう思ったそうです。

「地に足が付いていない——」

退院後、メールチェックをしていると、以前から登録していたある情報企業のメールが目にとまりました。

「以前、その企業が開催するセミナーを受講していたのでメールがよく届いていたのですが、普段は読まずに無視していました。それなのに、そのときはなぜかメールを開いたんです」

そこには、輸入総代理ビジネスのセミナー情報とともに、私の著著『エメラルド・オーシャンな働き方』（フォレスト出版）のことが書いてあったそうです。

「石崎さんの本を夢中で読み、その考え方にとても共感しました。それでセミナーを受講しようと決

● 第2章 ● 「輸入総代理」のいろいろなカタチ

「loudbasstard」のページ（http://loudbasstard-jp.com）。

めたんです。申込開始日には朝5時から起きて、スタンバイするほどでした」

こうして私は、セミナーの場で、下村さんと出会うことになったのです。

どうしても気になった竹製のスピーカー

「以前、ネットショップを運営していたのですが、そこでは沖縄や広島の手作りの食材を扱っていました。輸入総代理で取り扱う商品を探すときも、『手作り』のものにこだわって探しました」

そのときに、まず見つけたのが、のちに輸入総代理を獲得することになる、フィリピン・セブ島で手作りされている竹製スピーカー

「loudbasstard」です。

しかし、第3章でも述べますが、私は「単価が低い商品は、輸入総代理には不向き」と教えています。

下村さんは、それが頭にあったので、「もっと単価が高い商品はないだろうか」と商品探しを続けていました。その過程で、いろいろな商品を見つけたものの、下村さんは竹製のスピーカーがどうしても気になってしかたがなかったのです。

「単価は低いですけど、どうしても気になるんです」

下村さんから、こう相談されたことをよく覚えています。もちろん、単価が高いに越したことはありません。しかし、その強い思い

入れがあれば、成功できるかもしれないと感じました。
「親は子どもがどうしてもやりたいということを止められません」
私はそうお答えしました。

交渉に乗り出すも複雑怪奇な契約書に面食らう

それをきっかけに、下村さんは、海外メーカーに対してアタックを開始します。
「理屈ではなく、手作りでかわいいから、ぜひ私に日本での販売を任せてほしいと、熱意だけを伝えました」

「loudbasstard」は、下村さんがコンタクトした時点で、すでにアメリカなど数カ国で商品展開を

していました。じつは、このメーカーは日本に進出しようとして失敗した経緯があったのです。
「竹製品ですから、検疫や塗装になにを使っているのかなどの規制が厳しいんです。それで、日本との取引を『面倒くさい』と感じて嫌になったんだと思います」

とはいえ、貿易に関する知識もなく、英語も「からっきしダメ」という下村さん。そこで貿易コンサルタントのサポートを付けて、交渉を開始します。
「オーナーは、日系フィリピン人のコウ・オノザワ氏。名前を見て日本語を話せると思ったんです。やりとりを開始してすぐに電話で話しませんかといわれたので、O

Kしたんです。いざ話してみたら、『ボクハニホンジンジャナイデスケド、ニホンゴハハナセマセン』といわれ、パニックになってしまったことがありました」

そんなハプニングがありながらも、当初はいい雰囲気で交渉が進んでいたといいます。
ところが価格、最低ロットといった核心の話になってきたときに、様子が変わってきたのです。
最初に送られてきた契約書は、ベテランの貿易コンサルタントが見ても、「こんな複雑怪奇な契約書は見たことがない」という代物。しかも、全文翻訳してみると、とても飲めるような条件ではなかったといいます。

「たとえば、展示会で製品名を使うのにお金がかかるという条項がありました。日本国内で名前を使えないなら、輸入総代理とはいえませんよね」

そのあまりにもむちゃくちゃな要求に、「もうダメかな」とあきらめかけそうになりながらも、下村さんは最後の手段として、シンプルな契約書を作って逆提案することにしたのです。

「ダメ元で送ったんですが、すぐに『それでいきましょう』と返事が来たんです。拍子抜けでした（笑）」

その後の卸値や最低ロットの交渉でも、下村さんは自分の希望を通し、卸値は最初の提示から30％

東南アジア人気質に戸惑いながら前へ進む

「私は関西のいらち（関西の方言。「せっかち」「短気」という意）なので、東南アジアのマイペースぶりに最初は驚かされました。日本

人はなにかにつけ細かいようで、その感覚の違いに戸惑うことがあります」

その感覚を理解しようと努め、相手に対して歩み寄る姿勢がなければうまくいきません。

こうした努力の甲斐もあってか、本格的な販売開始前に、運よく大手企業から「うちの展示会で販売しないか」というオファーを受けるなど、下村さんは順調なスタートを切りました。

「貿易のこと、英語のこと、なにも知らないので毎日が勉強です」

今後もいろいろな問題が起こるでしょう。しかし、好奇心旺盛で意欲的な下村さんなら、きっと一つずつ乗り越えられるはずです。

第2章 事例

03 高級骨壺「capsule urn」
ケース③ 松尾真宏さん

安定した生活だったものの漠然とした不安があった

「勤務時間が長く、すごくストレスがある仕事なんです」

関西の大手私鉄の運転士として勤務して、不自由ない安定した生活を営んでいた松尾真宏さん。その仕事には、乗客として乗っているだけではわからないストレスがあるといいます。

松尾さんは、40代になった頃から、自分の心のなかに「このままでいいのか?」という思いを抱くようになりました。そして、その漠然とした思いを消し去ることができないまま悶々としていました。

しかし、その思いは抽象的でぼんやりとしたものですから、具体的になにをどうすればいいかわからなかったといいます。

しかし、ある日を境に「目をそむけないで向き合おう」と決意。それから人生を変えるきっかけを模索し始めます。そのときに、かねてから強い憧れを持っていた「海外」というキーワードが頭に浮かんだのです。

そこで松尾さんが反応したのが、「輸入転売ビジネス」でした。ときには勤務時間が1日15時間に及ぶ過酷な運転士の仕事をしながら、時間をひねり出し、門外漢の輸入ビジネスの勉強を始めたというのですから、松尾さんの不安はご自身にとって大きな問題だったことがよくわかります。

ハワイの友人から送られてきたブーツ

2007年、ひょんなことからハワイ在住の友人と15年ぶりに連

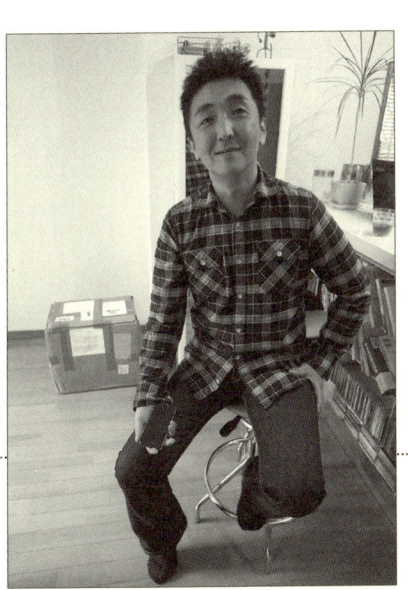

● 第2章 ● 「輸入総代理」のいろいろなカタチ

自宅リビングで丁寧に取材に応じてくれた松尾さん。

絡を取り合うことになった松尾さんに、ちょっとしたサプライズが起こりました。

「このブーツをやるわ」

突然、日本では1足3万円程度する、レッドウィングのブーツが送られてきたのです。

「いくら友人でもそんな高価なブーツを『ありがとう』と素直に受け取れません。ずっと躊躇していたら、友人が『じつはeBayで安く買ったから』といったんです。聞けば、1足5000円ほどでした」

この内外価格差を実感した出来事をきっかけにして、その友人と協力して、ハワイのコストコや地元のお店で仕入れたものを日本で転売するようになりました。

「当時は、友人のセンスで仕入れたものを日本で転売していましたが、それでも月15万円ぐらい稼げるようになったんです。といっても、商品一つあたりの利益が1000～2000円でしたから、かなり大変でした」

松尾さんは、こうした行動を始めたことで、「知への欲求」が高まり、もっと勉強したいという気持ちになってきたそうです。

「こんな世界があるんだと、運転士の仕事では味わえない高揚感を感じました。そのときに『思ったら動く、今変わらなかったら、明日は変わらない』と思うようになったんです」

自分は能力がないと思っていたという松尾さんは、輸入ビジネスでモノが売れることの喜びを噛みしめるようになっていきました。

松尾さんは、当時を振り返り、「モノが売れる＝お金が儲かる」ということだけに喜びを感じたわけではないといいます。その証拠に、「一つの商品で何万円も儲けるのは、悪いことをしているのではないか」という意識があったそうです。

「今思うと、価値に対する勉強ができていませんでした」と振り返る松尾さんですが、儲けることを「悪」と感じがちな日本人気質では、それほど不思議なことではないでしょう。

「買ってくれた人に喜ばれることが純粋にうれしいんです。もちろん、利益が出なければ続けられませんから、儲けは出さなければいけません。しかし、利益だけを考えて、お客さんをないがしろにすれば、結果として商売は続けられなくなるのではないでしょうか」

松尾さんは、ネット上で目にする情報商材などは、「うさんくさい」という印象もあって、手を出すことはありませんでした。

しかし、同じ大阪の人が発信していたある情報商材を見たときに、直感的に「買ってみよう」という気になり、実際に購入します。

「それが自分に合っていたんです。『これは売れそうだ』という自分の目利きで仕入れて売る方法論が書いてあったのですが、これなら勝負できると思ったんです」

そこで松尾さんは、値段が高めの商品に目をつけました。

たとえば、旅行用スーツケースのリモワや、コードバン（農耕用馬の臀部から採れる皮革）で作られた靴に根強いファンを持つ紳士用靴オールデンなどです。

これらは日本に正規代理店があるため、国内の販売価格は本国よりかなり高く設定されています。その内外価格差に目をつけたのです。日本国内で人気が高い商品ですから、この転売ビジネスは順調に売上を伸ばしたそうです。

「自分なりに試行錯誤しながら輸入転売ビジネスで結果が出るにつれ、物事の本質を深く考えるようになりました」

ありとあらゆるジャンルの本を

● 第２章 ●　「輸入総代理」のいろいろなカタチ

読み漁り、世のなかに対してなんとなく感じていた違和感や疑問の正体への入り口がぼんやり見えかけてきたという実感があったといいます。

高級ナイフを通しての思わぬ出会い

数年前、私はヤフオクで一つの高級ナイフにひかれ、落札したことがあります。1本数万円もするナイフでしたが、それをオークションで落とすと、心のこもった丁寧な梱包で送られてきました。

このとき、私は直感的に「この人に会いたい」と思ったのです。出品者と落札者は連絡を取り合いますから、出品者の方と事務的なやりとりをしながら、「お会いしたい」と申し出ました。そのナイフの出品者が松尾さんでした。それから話をしていくと、驚いたことに松尾さんは私が開催する輸入総代理ビジネスのセミナーについて知っていたのです。

「じつは石﨑さんのセミナーが気になって、ずっと食い入るようにサイトを見ていたんです。普通なら、落札者から会いたいといわれても警戒しますが、これはなにかの縁だと感じずにはいられませんでした」

その後、大阪で松尾さんと一度お会いし、それをきっかけにして、松尾さんはセミナーに参加されることになったのです。

空白期間を利用して輸入総代理ビジネスへ

松尾さんは、ケガをしても会社を休めないほどの真面目な性格。ところが、セミナー参加の少し前にバイク事故に遭ってしまい、長

松尾さんが販売するヒコイトウのカスタムナイフ（http://hikoito.jp/）。現在は同社製のハワイアンカスタムナイフの輸入総代理も務めている。

期休養を余儀なくされます。

「会社勤めをしてからほとんど休んだことがありませんでした。そのときも左肩に痺れがあったのですが、当初はそれを隠して会社に行きました。しかし、万が一、事故を起こしたら、周囲に大変な迷惑をかけると長期休養することにしたんです。ちょうど石﨑さんから輸入総代理のセミナーに誘われていたタイミングでした。あの痺れがなければ、輸入総代理ビジネスはやっていなかったでしょう」

不慣れな英語でも理解を得られた

そしてセミナーを受講した松尾さんは、ある商品で輸入総代理の権利獲得を目指します。

それがアメリカのワシントン州バンクーバーを拠点とする企業が手がける、手元供養で用いるための洗練されたモダンデザインの骨壺「capsule urn」です。

日本でも「手元供養」という言葉がかなり検索されていることを知り、またペットを供養したい人が多いことから、松尾さんは日本においてもニーズがあると考えたのです。

松尾さんは英語が話せるわけではありません。しかし、輸入総代理の権利を獲得しています。そのポイントについてこういいます。

「定型文のコピペでは成功しないと思います。相手のことをよく調べて、相手の気持ちを考えながらやりとりしていく。そういった相手目線が大事だと思います」

失礼がないようにとの思いから、わからないなりにも時間をかけて、ネットの翻訳サイトなどを使って英語を読んだり、書くといいます。

「私は要領が悪いと思います」と

松尾さんが手がけるアルミ製のスタイリッシュな骨壺「capsule urn」(http://modernurn.jp/)。

● 第2章 ● 「輸入総代理」のいろいろなカタチ

自嘲気味に松尾さんはいいますが、人より時間がかかっても、相手を理解しながら交渉して、自分の誠意を伝えていくことは本当に重要なことです。

現地企業は、こなれない英語でコンタクトしてくる日本人を当初は疑っていたといいます。しかし、やりとりするなかで信頼関係を醸成できたのでしょう。メーカーから「あなたの質問は、いつも的を射ていた」といわれたというのです。

当初は1個1500ドル（約18万円）する高級骨壺の最低ロットが100個という条件でしたが、こうしたやりとりの結果、「最初は売れた分だけ注文してくれればいい」とかなり譲歩を引き出せたのです。

英語力より、相手に伝えたいことをはっきり伝え、誠意ある対応をすることが、海外企業の理解を得るために大切ということです。

輸入転売ビジネスと並行して、これから輸入総代理ビジネスを本格化させようとしている松尾さん。

自宅の1室は商品を置く倉庫にしているという。

「石﨑さんのように、多くの人に影響を与えることはできませんが、人を助けたいという気持ちが出てきました。生まれた環境のせいでチャンスに恵まれていない方などに寄付したりと、微力ですが社会貢献もできればと思っています」

丁寧な取引を心がけ、きめ細やかな対応をしていくのが松尾さん流のやり方。儲けるだけでなく、買ってくれた人に喜ばれることがなによりのモチベーションだといいます。

お金はもちろん大事ですが、それだけでなく、松尾さんのように喜びを感じながらビジネスを展開できれば、もっと人生が楽しくなるはずです。

第2章 事例

04 デスク付きバイク「フィットデスク」
ケース④ 神薗洋さん

病気で倒れて気付いた本当の気持ち

神薗洋さんは、兵庫県姫路市で海外の大手シューズメーカーの縫製を請け負う工場を経営している社長さんです。大手メーカーからは、もっと設備投資して、生産力を増強してほしいといわれるほど本業は安定しており、そのまま本業を続けていても、なにも不自由はない状態でした。

それでも、本業に精を出しながら、神薗さんは輸入総代理ビジネスを始めました。

「じつは、心筋梗塞で倒れて、1カ月ほど入院したんです。そのときにいろいろ考えましたん」

神薗さんは昔からおぼろげながら「輸入」とか「海外」に興味があったそうです。本業の靴の縫製工場はうまくいっているので、それは社員たちに任せて、自分のやりたいことをやってもいいのではないか——。

患ったことで、「やらなければ後悔する」と改めて実感した神薗さんは、それまではイメージを膨らませているだけでしたが、その思いを実現するために行動を始めたのです。

そして、リサーチをしていく過程で私のホームページを見つけることになります。

神薗さんは、自分の夢を実現するために、私のセミナーに参加しようと思ったそうですが、受講料は決して安くありませんから躊躇したそうです。

そして、そのときに長年の友人に相談しました。

「自分のためにお金をかけると考

● 第2章 ● 「輸入総代理」のいろいろなカタチ

えるなら、その金額は高くはないのではないか。倒れたばかりだし、これまでみたいにお酒を飲みにいくのを少し我慢すればいい。その飲み代がなくなると考えれば、セミナーのお金なんて安いものじゃないか」

そういわれたことで踏ん切りがついた神薗さんは、セミナーの受講を決め、私と出会うことになったのです。

病気をしたからこそ出会えた商品

現在、神薗さんは、「フィットデスク」という商品の輸入総代理ビジネスを行っていますが、じつはこの商品は私が見つけたものです。写真にあるように、パソコンデスクとエアロバイクが融合したユニークさが目につきました。わざわざフィットネスクラブに移動する必要もなく、仕事や趣味を楽しみながら手軽にフィットネスができる個性派商品です。

私はセミナーのときに、この「フィットデスク」を例に挙げ、輸入総代理ビジネスの説明を行っ

神薗さんが輸入総代理として販売する「フィットデスク」（http://pod-e.com/）。

ていました。

この商品は、見てのとおり、かなり大ぶりですし、在庫を持つとなると倉庫が必要になるのがネックです。そのような理由もあり、この商品を自分で取り扱うのは難しいと考えていました。もし、興味がある受講生がいるなら、この商品でビジネスをやってもらってもいいと思っていたので、「この商品に興味がある方がいれば、交渉していただいてもかまいません」と呼びかけてみました。

「これは大きすぎる」と思った人が多かったのでしょう。教室内にどっと笑いが起きましたが、そのなかで真っ先に手を挙げたのが神薗さんでした。

「心筋梗塞で倒れたばかりで、死を意識する状況になったからこそ、健康問題に強い関心を持っていました。きっと自分のように健康に不安を感じながらも、時間がなくて運動できていない人がいる。そんな人にニーズがあるのではないかと、直感的に考えたんです」

こうして神薗さんは、「フィットデスク」の輸入総代理を獲得するための交渉を始めることになりました。

翻訳サイトをフル活用して熱意を伝える

その後、神薗さんは、半年間に及ぶセミナーの受講中に、私にアドバイスを求めながらも、ほぼ自力で海外メーカーとの交渉を進めていきました。

神薗さんも多くの受講生と同様に英語はほとんどできません。

「通訳はあまり使いませんでした。多いときにはネットの翻訳サイトを6つ同時に立ち上げ、全部の翻訳サイトが同じ英文になるまで、日本語を英語に、その英語を再度日本語に戻すといったことを繰り返したんです」

ファーストコンタクトのメールをすると、メーカー側からすぐに返事がありました。神薗さんは、「英語は苦手です」と書いていたそうですが、その返信メールには、こう書いてあったそうです。

「私の知っている日本人より、君

● 第2章 ● 「輸入総代理」のいろいろなカタチ

海外メーカーの社長から送られてきたメールには、神薗さんの体調を案じる内容が書いてあったそうです。

その後も神薗さんは、ビジネスの話だけでなく、先方の社長との共通の趣味である自転車の話をしたり、春になると地元の美しい桜の写真を送ったりと、良好な関係を作っていきました。

この経過を見ていて、お互いに信頼できるビジネスパートナーになる素地はできつつあると見た私は、英語を話せる人を通訳にして、直接電話で話してみるようアドバイスしました。

そのとき、神薗さんがこういったことが強く印象に残っています。

「お金の話よりも自分の思いを伝えたいと思います」

こうした思いは、不思議と相手の心を動かすものです。電話回線を通じて直接話すことで、それまでにも増して、神薗さんの熱い思

の英語はわかりやすいよ」

本契約に至るまでは、週2～3回のやりとりを3カ月ほど続けましたが、神薗さんは最初のやりとりでは、お金の話などはせずに、「なぜこの商品を取り扱いたいか」を熱を込めて説明したといいます。

自分が病気をしたこと、健康を維持することに大きな関心があること、そして日本人は時間に追われている人が多いこと、だからこそ、この商品は日本で売れるのではないかと自分の強い思いを込めて、一生懸命メールを書いたのです。

翻訳サイトを使った英語ですから、きっとネイティブスピーカーから見れば、おかしな表現も少なくなかったはずです。

「フィットデスク」を梱包する段ボールは、日本語にカスタマイズしている。

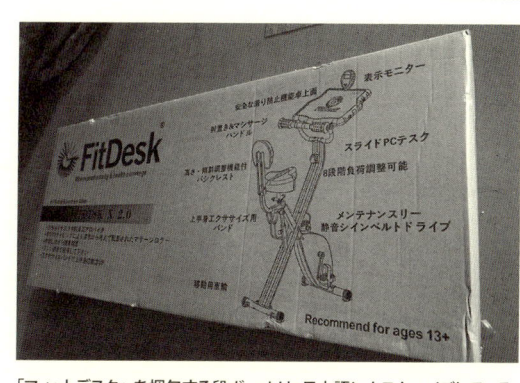

先方からのタフなオファーに決断を下す

いが伝わったはずです。

思いを伝えた神薗さんは、その時点で、「このあと価格や細かい条件で激しいやりとりがあるかもしれないけれど、双方で折り合いがつかなくなるということはない」と感じたといいます。

仕入れ値についてはそれほど問題なく合意できましたが、最低ロットについては激しい交渉になりました。

当初、神薗さんは、100台の輸入を提案しましたが、メーカー側は20フィートコンテナに目一杯詰め込める223台を最低ロットとして譲りません。1台あたりの金額もそれなりにするため、その規模だと、手当てしなければならない額も大きくなってしまいます。それだけでなく、物理的なスペースの問題も発生します。223台をどうにかしようと交渉した神薗さんでしたが、メーカー側は、その点だけは妥協する姿勢を一切見せなかったため、結局その条件を受け入れることを決意。商品を保管し、検品するための倉庫も借りたので、仕入れ値と諸経費で、かなりの投資額になりました。

展示会に出品 自信をつかむ

神薗さんは本格的に販売を開始する直前に、40ページで紹介した池松さんと一緒に東京ビッグサイ

倉庫で検品中の「フィットデスク」を前にする神薗さん。1台1台すべて丁寧に検品するという。

● 第2章 ● 「輸入総代理」のいろいろなカタチ

トで開催される雑貨エキスポにブースを出しています。

まだ販売価格を決めかねていたため、展示会をテストマーケティングの場と考えたのです。

どう値付けしようと迷った末、仕入れ値の約3倍の4万9800円（税別）で販売することにしましたが、その時点で神薗さんはその価格設定に自信が持てていませんでした。

展示会では、当初反応があまりなかったようですが、神薗さんは池松さんの商品に興味を示した人に、「とりあえず座ってみてください」とすすめていきました。

「座ってもらうと、反応が変わってくるんです。結局、展示会では約70人と名刺交換しましたが、価格設定が『高い』といった人はいませんでした。むしろ『安い』と感じた人のほうが多いようでした。それで自信が持てたんです」

しかも、その雑貨エキスポで注

「フィットデスク」のために借りた倉庫はかなり広く、検品するためのスペースとしても利用している。

文も入り、長野と東京の会社2社と代理店契約を結ぶことにも成功したのです。

将来的には前述したように、本業は後継者に任せていく方向ですが、今は本業も見ながらですから、時間の制約があるはずです。それでも、新たな代理店の開拓を目指すなど神薗さんは精力的にこのビジネスを発展させようと前に進んでいます。

大病を患ったことがきっかけとなり、おぼろげだった夢の実現に動き出した神薗さんだからこそ、私にいってくれた、この言葉には重みがあります。

「元気があれば、なんでもできます」

第2章 事例

05 木製珈琲ドリッパー「カナディアーノ」
ケース⑤ 仙洞田隆さん

家族の後押しを受けて第一歩を踏み出す

仙洞田隆さんは、サラリーマンをしながら、輸入総代理ビジネスの世界に飛び込みました。

「じつは、前から自己実現のために、なんでもいいから副業をやってみたいと考えていたんです」

会社という組織のなかでは、必ずしも自分のやりたいことばかりをできるわけではありません。私もかつてはサラリーマンでしたから、そのストレスや大変さはよくわかります。

仙洞田さんは、自宅をオフィスにして輸入総代理ビジネスを始めることにしました。

ただし、自宅を仕事場にするのですから、家族の理解なくしてスタートできません。

相談してみると、仙洞田さんの思いを常々聞いていた奥さんは、「あなたの好きにすればいい」といってくれたそうです。奥さんの言葉は、仙洞田さんの大きな後押しになりました。

こうした「家族の理解」は、働きながら輸入総代理ビジネスを始めようと考えている人のみならず、独立しようと考えている人にとっても、その後の成否を左右する要素の一つとなります。

毎日2〜3個を発掘して厳選した商品にアプローチ

仙洞田さんは、木製珈琲ドリッパー「カナディアーノ(Canadiano)」で輸入総代理ビジネスを軌道に乗せています。

仕事の関係で海外とやりとりした経験があることから、流暢に話

● 第2章 ● 「輸入総代理」のいろいろなカタチ

仙洞田さんは自己実現のために、輸入総代理ビジネスの世界に飛び込んだ。新たな生きがいを見つけたことで、イキイキした生活になったという。

　せるレベルではないものの、読み書きはある程度できたといいます。ちなみに、台湾に4年間駐在した経験があるので、中国語もある程度は話せるそうです。外国人とやりとりした経験がない人に比べると、外国人アレルギーが少ないのは、大きなアドバンテージでした。

　仙洞田さんは、私のセミナーを受講後、すぐに商品発掘を進めていきました。目標にしたのが、「毎日2〜3個の商品を見つける」ことでした。仕事を終えて帰宅すると、パソコンに向かって商品探しに没頭したといいます。

　帰宅後の時間しかないのに「毎日2〜3個の商品を見つけること

なんてできるの？」と思うかもしれません。ところが、日本で売られていない商品を見つけることは、さほど難しいことではありません。難しいのは輸入総代理ビジネスとして成立する商品を見つけることです。

　リサーチの結果、最終的に「これはいけるかもしれない」と思えるものが20個ぐらいになったといいます。

　しかし、そのすべてにアプローチするのは現実的ではありません。セミナーで知り合った仲間や周囲の人に相談して、意見を聞きながら、最終的に3つの商品に絞り込みました。その一つが、仙洞田さんが取り扱う木製の珈琲ドリッ

パー「カナディアーノ」だったのです。

「好き」より「売れる」で商品を選ぶ

「コーヒー愛好家ではないどころか、コーヒー自体にも興味があったわけではありません」

もちろん自分が好きなジャンルの商品を探すことは否定しませんが、思い入れが強すぎると、ノイズが混じってしまうことも少なくありません。

仙洞田さんは、「日本で売れるか」に主眼を置いて商品を探しました。その過程であることを確信します。

「日本人は木製品が好きだ」

仙洞田さんは木製の商品に絞って商品発掘を進めていきました。

こうして商品発掘を行っていくなかで「カナディアーノ」に出会います。コンパクトなサイズなので在庫を自宅に置いてもそれほど生活スペースを圧迫しませんし、1万円を超える単価なので一定の利益が見込めます。しかも、日本人はコーヒー好きが多い。

「これまでに見たことがない、木製の珈琲ドリッパーは日本人にウケるのではないか──」

仙洞田さんはそう考えたのです。

「これ!」と決めたらすぐにアプローチ

仙洞田さんは「カナディアーノ」のほかにも、いくつかの商品の海外メーカーにアプローチしましたが、私が印象的だったのは、輸入総代理獲得までのプロセスです。

セミナーの受講生のほとんどは商品を発掘すると、その商品が輸入総代理に向いているか、そうでないかを私のもとに相談に来ます。

しかし、仙洞田さんは、相談するより前に海外メーカーにアプローチしていました。

海外メーカーにメールを送ったからといって、必ず返事があるとはかぎりません。自らコンタクトを取り、返事があったものに絞って、私に相談していたのです。

とはいえ、返事がなかったものについても、すぐにあきらめてし

● 第2章 ● 「輸入総代理」のいろいろなカタチ

木製珈琲ドリッパー「カナディアーノ」(http://www.canadiano.jp/)。ウォールナット（クルミ）、チェリー（桜）、バーチ（樺）、ホワイトオーク（白樫）と、材質が異なる4種類から選べる。

まったわけではありません。メールで返事がなければ、フェイスブック、ツイッターなどでコンタクトを取り、返事を催促したいといます。

「1週間ほど連絡がないのは当たり前です。連絡がなければ、あの手この手を尽くして返事を催促します。そうすれば、海外のメーカーも『コイツは本気だ』と思ってくれるのではないでしょうか」

アプローチには、こうしたしつこさも大切なのです。

「カナディアーノ」のメーカーにも、こうしてアプローチを続けた結果、約1週間後に初めて返信があったといいます。

実績を重ねて
輸入総代理に指名される

やりとりが始まると、とんとん拍子に取引開始までこぎつけます。しかし当初は輸入総代理としてではなく、一輸入業者としての扱いでした。つまり、国内の独占販売権はなかったのです。

それでも取引が始まると、商品を売るために、さまざまな工夫をしていきました。

本国から乾燥によるひび割れなどの不具合がある商品が送られてくれば、その状況を報告して改善を促しました。一方で食べ物に触れても無害なひび割れ防止オイルを自ら探し、輸入時に検品しながら一つつつオイルを塗るなど手間暇をかけて、お客様のところで不具合が出ないように工夫していきました。

69ページの写真にある発送用の専用箱もその一つです。本国から送られてくる味気ない箱でお客様に送るより、きれいな箱のほうが喜んでもらえるはず——そんな思いから、わざわざコストをかけて業者に発注しているのです。このように輸入総代理にはいろいろなカタチがあるのです。

また、展示会へ出展するなど、積極的にプロモーションを行いました。とくに2015年7月の展示会では大手新聞社の目をひき、新聞や系列の週刊誌で取り上げられたほか、その新聞社が運営するショッピングサイトで取り扱われるようになったことで、販売数にも弾みがつきました。

このような姿勢が本国のメーカーにも伝わったのでしょう。

「あなたに日本の販売を任せる」という言葉をもらったのです。すでに信頼関係を築いていたこともあると思いますが、驚いたことに輸入総代理となった今でも契約書は結んでいないそうです。

お客様との接点を増やしていきたい

順調な滑り出しを見せている「カナディアーノ」ですが、問題がないわけではありません。

自社サイトやAmazon、楽天などのネット販売が中心のため、お客様から「実物を見てから決めたい」という要望も多くなってきました。

「1万3570円と決して安くありませんから、実物を見て買いたいというお客様の気持ちはよくわかります」と仙洞田さんもいうよ

● 第2章 ● 「輸入総代理」のいろいろなカタチ

うに、目下のところ直接見て、触れていただける場所を増やすことが課題と考えています。

「今後は、全国に店舗を持つチェーン店などにも積極的に営業をしていく考えです」

私が仙洞田さんからその課題についてうかがってからほどなくして、大手チェーンから「カナディアーノ」に対する問い合わせがありました。取り扱いが決まれば、さらなる追い風になるでしょう。

気持ちが入った商品は人をひきつける

ところで、輸入総代理ビジネスを始めてすぐに大手新聞社や大手チェーン店から声がかかったのは偶然なのでしょうか。

私はそうは思いません。

たとえその努力や工夫がお客さんから見えなくても、仙洞田さんのようにそれを怠らない心がけは、輸入総代理を始めようとするみなさんにも参考になります。こうした地道な努力こそが成功への近道といっても過言ではありません。

込んだのです。

先述した、ひび割れ防止のオイルを一つずつ塗っていく作業は、いわなければ誰も気付かない地味な作業です。専用箱も届いたときに少しでもお客様に喜んでもらいたい一心で作ったものです。

気持ちが入った商品は不思議と人をひきつけます。売れてお金さえ入ればいいと考えていては、ビジネスは長続きしないでしょう。

本国のメーカーから送られてくるときには味気ない箱に入っている。日本のお客様に喜んでもらえるように発送用の箱をオリジナルで作った。

第2章 事例

06 高級爪切り「The Ultimate Clipper」
ケース⑥ 田名部圭介さん

IT関連から物販の道へ

現在、ネットショップを5店舗運営しながら、輸入総代理、製造総代理（228ページ参照）まで手がけている田名部圭介さんは、IT関係のサラリーマンを辞め、独立起業して輸入を中心とした物販の世界に飛び込んだ方です。それまではIT以外のビジネスの経験はまったくなかったといいます。

「40歳までに会社を辞めて独立しようと決めたんです。当時はテレビで地上アナログ放送の終了（2011年7月）を知らせるため、毎日のようにテレビCMが流れていました。その日までに辞めると決めれば、テレビCMが教えてくれるので、退職日をあえて意識しなくても忘れないと思ったんです」

そう決めたとおり、2011年6月末にIT関連の会社を退職。田名部さんは独立します。すぐに輸入転売を始めましたが、会社を辞めて半年くらいは苦労の連続。商品の撮影、発送などの業務に追われるばかりで、売上が思ったように上がらず、月収数万円程度の苦しい日々だったといいます。

「あのときは忙しすぎて、地獄を見ました。趣味ならいいですけど、輸入転売を本業にするのは本当に大変です」

その後、懐中時計を販売するネットショップなどを立ち上げ、試行錯誤していましたが、行き詰まり感を打破することができずにいました。

「当初は、複数のネットショップを立ち上げていこうと思っていま

● 第2章 ● 「輸入総代理」のいろいろなカタチ

現在では輸入総代理だけでなく製造総代理まで手がける田名部さん。商品探しに対する考え方は参考になることが多い。

した。しかし、始めてみると、複数のネットショップを一人で運営していくのは、時間的にも物理的にも限界があると感じました」

退職したものの、「収入が上がらない状況のなか、「今後どうしようか」と絶望に近い思いを抱えながら月日が流れます。

そんな状況にあるときに目にしたのが、私の輸入総代理ビジネスのセミナーの案内でした。

「物販のスキルを身に付けていくなかで、『もっとビジネスを拡大させたい』という思いから参加することにしました。独立当初は本当に不安な日々を過ごしていましたが、輸入総代理ビジネスを知ることができたおかげで、わずか2年くらいの間に、私の人生は大きく変わりました」

田名部さんの特筆すべき商品発掘手法

現在、田名部さんは高級爪切り「The Ultimate Clipper（ザ・アルティメット・クリッパー）」の輸入総代理を獲得しているだけでなく、いびき防止用リングの「Crescent Anti Snoring Ring（クレセント・アンティスノアリング）」をタイで製造する製造総代理も行っています。

なんといっても、特筆すべきは、田名部さんの商品発掘力です。その高いリサーチ能力から私のセミナーでも商品発掘に関する講

義をお願いしているほどです。

実際、田名部さんは輸入総代理を獲得するにあたり、70以上の商品を発掘して、厳選した10近くの商品で交渉しています。

その独自の商品発掘法は、みなさんにも大いに参考になります。

多くの人は、商品を探す際に、「かわいい　雑貨」「高機能　工具」といったように、特定の商品を思い浮かべていることがほとんどです。これは「売れる商品を探す」というより、「売りたい商品を探す」発想に近いといえます。

しかし、輸入総代理ビジネスをする以上は、「売れる」商品を見つけなければいけません。

田名部さんは「marvelous（素晴らしい）tools（道具）」といったように、具体的な商品イメージを持たずにネット検索で探していきます。

「私は抽象的なキーワードで商品を発掘しています。なぜなら、たとえ自分がアウトドアが好きだとしてもアウトドア関連の商品を探すのではなく、売れる、すごい商品を見つけることが輸入総代理ビジネスにおける商品発掘の目的だと考えているからです」

10×10のキーワードで画像検索していく

具体的には、「10×10」のキーワードで探していくといいといいます。

「marvelous tools」と例を挙げ

田名部さんがタイで製造して販売する、いびき防止リング「Crescent Anti Snoring Ring（クレセント・アンティスノアリング）」（https://crescent-anti-snore.jp/）。

● 第2章 ● 「輸入総代理」のいろいろなカタチ

「The Ultimate Clipper（ザ・アルティメット・クリッパー）」（https://klhip.jp/）。田名部さんは「軽く、小さく、高付加価値」という視点から、この商品で勝負しようと決めた。

ましたが、二つあるうちの前部のキーワードを10個、後部のキーワードも10個、自分なりに探し、その掛け合わせで画像検索していくのです。

たとえば、前部のキーワードは「super（極上の）」「ultimate（究極の）」「amazing（驚くべき）」などが挙げられます。後部のキーワードは、「product（製品）」「commodity（商品）」「equipment（機器）」などの言葉です。この10×10の組み合わせで画像検索して、「いける」と思える商品を探していくのです。

ちなみに田名部さんが扱う高級爪切りの商品名は「Ultimate Clipper（究極の爪切り）」です。「ultimate」で検索して発掘したことがわかりますよね。

情報過多だからこそ取捨することが大事

「たとえば、『amazing tools』と検索すれば、たくさんの商品画像が表示されます。そこで輸入総代理に向かないものを排除し、向く ものを選び出すことが重要になってきます」

セミナーをやっていると、受講生から発掘した商品について相談を受けることがあります。発掘した商品に意識がフォーカスしてしまい、輸入総代理ビジネスで売れる、すごい商品を探すという本来の目的をいつの間にか置き去りにして、「商品を見つけたから、すぐに交渉したい」という感じの人が少なくありません。

もちろん、商品を発掘できたら、すぐに交渉したくなる気持ちはわ

かりますが、やはり、それが冷静な判断なのかをひと呼吸置いて考えたほうが拙速を回避できるものです。

情報過多の時代ですから、田名部さんは氾濫する情報をいかに取捨選択するかが重要だと考えています。

とくに田名部さんは商品発掘の達人ですから、たくさんの商品を見つけ出しますが、その商品を冷静に精査していくと、輸入総代理で扱いたいと思える商品は必ずしも多くないといいます。

「かつて、大きな商品を扱って、大失敗した経験をしたことが影響しているのかもしれませんが、できるだけ『軽く』、『小さく』、『高付加価値』の商材が理想です。価値を感じられない商品は誰も買ってくれません。商品が大きいと送料がかかりますし、倉庫が必要になる可能性もあります。そうなれば、コストが増えるので、リスクが大きくなると考えています」

そして田名部さんが、もう一つ付け加えるのが「サンプル」の重要性です。

「サンプルを取り寄せてみたら、『あれッ !?』となる商品もいくつかありました。込み入った話に入る前にサンプルで確認することは大切です」

私にも田名部さんと同じような経験があります。だからこそ、交渉に入る前に必ずサンプルを取り寄せることをおすすめしています。

4つのニーズの二つを満たしているか

発掘した商品をふるいにかけるときに、田名部さんが意識しているのが「4つのニーズ」です。

❶ 安心のニーズ、❷ 変化・好奇心のニーズ、❸ つながりのニーズ、❹ 特別感・ステータスのニーズ。これらを考えないといけないと思います」

田名部さんは、この4つのニーズのうち、二つを満たすもの、もしくは高いレベルで一つを満たすものを考えるべきだといいます。自分が「かっこいい」とか「かわいい」と思うかではなく、将来、

● 第2章 ● 「輸入総代理」のいろいろなカタチ

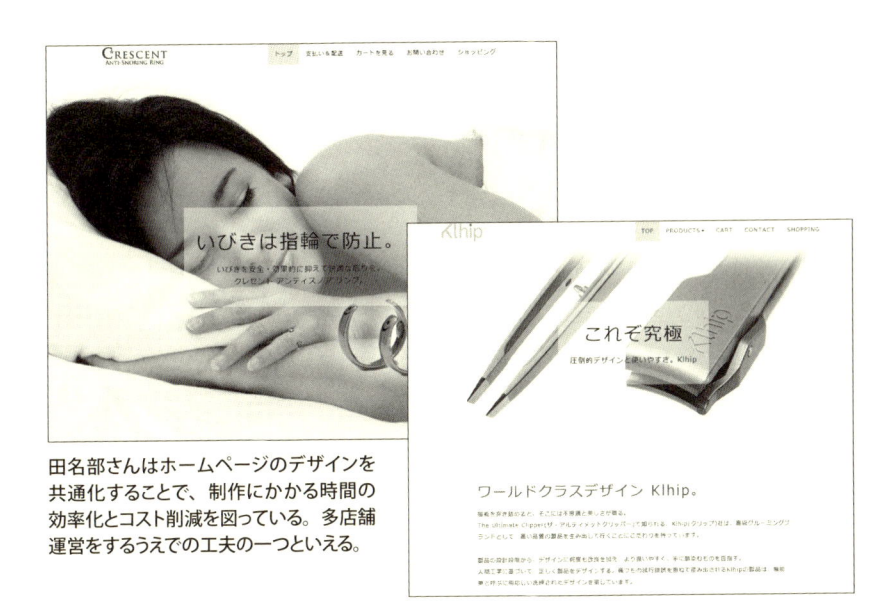

田名部さんはホームページのデザインを共通化することで、制作にかかる時間の効率化とコスト削減を図っている。多店舗運営をするうえでの工夫の一つといえる。

商品を買ってくれるお客様にどんなニーズがあるかを考えるわけです。

「たとえば、一般的にユニクロは『低価格・高品質』、バーバリーには『高価格・高品質』というイメージがあります。両者の顧客層は違います。求めているものが違うからです。ユニクロは安くて高品質の服を買いたい人でしょう。一方、バーバリーは高級ブランドですから、着なさんが商品を発掘したとしたら、

田名部さんは、このようにモノにイメージがあることを重視して商品を選んでいるのです。

もちろん、直感をすべて否定するわけではありません。しかし、直感だけでうまくいくものでもありません。

商品を探しているうちに、将来買ってくれる人はどんな人か、買ってくれる人はどれくらいいそうなのかが見えなくなってしまう人が少なくありません。もし、み

ることでステータス感を得たい人が多いはずです。商品を選ぶ際に、そうした将来の顧客のニーズをイメージしないといけないと思います」

一度立ち止まって田名部さんの言葉を思い返してほしいと思います。

今後の展開を見据えて本国サイトをチェック

田名部さんは商品発掘を行う際に、必ず本国サイトもチェックするといいます。

「輸入総代理の権利が取れたら、日本でウェブサイトを作ります。そのときに、一から自分で作るのは大変な労力です。その労力を軽減するためにも本国サイトをチェックするんです」

輸入総代理になれば、本国のメーカーは、商品写真、イメージ写真などの使用を許諾してくれることがほとんどですから、うまくすればテキストを日本語にローカライズするだけで済むのです。

また、上の写真にあるように、田名部さんは梱包作業をスムーズにするために自分で作業棚を作っています。輸入総代理ビジネスを始めたら、このような工夫を考えてみるのもおもしろいでしょう。

最後に読者のみなさんへのアドバイスを聞いてみました。

「腹を決めて契約したら、権利を得ると同時に義務が発生します。そうなればやるしかありません。だからこそ、『この商品はいける』と思っても、すぐに決めず、『本当にやりたいかどうか』を今一度考えてほしいと思います」

梱包作業を効率化するために自作したラック。こうした工夫をしながら効率化を図っているという。

第3章

「これは!」という商品を
どう発掘するか

第3章 発掘

01 世界には、日本人が知らない魅力的な商品がたくさんある!

英語力や交渉力よりも商品を発掘する能力が大事

第1章でも述べたように、輸入総代理ビジネスをするにあたって最も重要なことは、**日本人にとって魅力的な海外の商品を発掘することです**。英語力や交渉力があっても商品を発掘できなければ、輸入総代理ビジネスを始めることはできません。

でも、こんな声が聞こえてきそうです。

「世界でもモノ作り大国といわれる日本には、もうありとあらゆる商品があるのでは？」

たしかに日本製品は高品質で、かゆいところにも手が届く、こだわりの商品がたくさんあります。

しかし、これまでに商品を発掘してきた経験からいうと、**海外には日本にはない魅力的な商品がまだまだたくさんあります**。

今となっては女性用下着のヌーブラは、もの珍しさはないかもしれません。しかし、初めて目にしたときは、「こんなモノがあるんだ！」と驚きがあったはずです。

すでに知られた商品や今売れている商品の内外価格差で利益を得るビジネスモデルではなく、自分で商品を発掘し、日本に持ち込み、それを必要とする人に普及させていくのが輸入総代理ビジネスです。そういったダイナミックな展開ができる商品を発掘することを目指してください。

そんなふうにイメージしてみると、ワクワクしてきませんか？

第3章では、商品発掘を行う際の考え方やノウハウを紹介していきます。

● 第3章 ● 「これは！」という商品をどう発掘するか

魅力あふれる商品を発掘して輸入に挑戦

●エタノール暖炉
著名デザイナーとのコラボによって開発された、デザイン性にすぐれた暖炉。場所を選ばず、どこでも置くだけで設置が完了する。イタリア製。

●完全手動エスプレッソマシン
挽いたコーヒー豆とお湯さえあれば、手動のポンプによってエスプレッソが抽出できるエコなエスプレッソマシン。アメリカ製。

●子ども用チェアー
子どもの成長に合わせて高さを調整できる高品質木製のチェアー。スロベニア製。

第3章 発掘

02 商品を探すときの基本的な心得

手がけるべき商品とそうでない商品を見極める

独占販売権の取得を目指すにあたって、どんな商品を視野に入れるべきかを考えていきましょう。

商品に魅力があることはもちろんなんですが、**それがビジネスとして成立しやすいものか、冷静に見極めることが必要です。**

たとえ、自分が「おもしろい」と思った商品でも、それが自分だけの独りよがりであれば、いくら独占販売の権利を得てもビジネスになりません。

多くの人が魅力的に感じる商品であれば、長く売れますし、輸入総代理になったあと、多くの販売店が「その商品を扱わせてほしい」と思ってくれるはずです。そんな展開ができる商品の発掘を目指しましょう。

本書の目的は輸入総代理になり、長くビジネスを続けることです。

ところが輸入総代理を始めようと商品を探し始めると、いつの間にか輸入総代理の獲得が目的にすり替わってしまうことがあります。

そうなると、商品探しに求められる冷静な目が欠落してしまいます。輸入総代理の権利をいち早くほしいばかりに、「この商品はきっと売れる」と自分に都合よく、その商品を評価してしまいがちになるのです。

そして、もう一つよくありがちな失敗が目をつけた商品の単価が低いことです。商品に魅入られてしまって、その後のビジネスの展開まで頭が回らない人がいます。

本書では、**最低月5万円（理想は20万円以上）の利益が見込める**

● 第3章 ●　「これは！」という商品をどう発掘するか

> **商品を選ぶ際の前提**
>
> ●輸入総代理ビジネスは、独占販売権によって
> 　長期安定した収益を目指す。
> 　⇒長く売れる商品を探す
>
> ●一つの商材、一つの輸入総代理契約先の商品から、
> 　最低月に5万円（理想は月20万円以上）の利益を目指す。
> 　⇒単価が高く、一つあたりの利益の絶対額が
> 　　大きい商品のほうが輸入総代理ビジネス向き
>
> ●日本での価格決定・商品卸の権利を行使し、
> 　有力な販売先のリソースを活用しながら、
> 　さらなる利益と信用を手に入れることを目指す。
> 　⇒ほかの販売者が「売りたい」と
> 　　思ってくれそうな商品を探す
>
> **上記のような展開がイメージできる
> 商品の発掘を目指すことが基本になる。**

　商品を推奨します。

　一つ販売しても利益が200円しかない商品だと最低250個、理想の月20万円を目指すなら、1000個を販売しなければいけません。一方で、一つで5000円の利益が出る商品なら、最低ラインで月10個、月40個で月20万円の利益を達成できます。

　発送の手間など、もろもろの付随することを考慮しても、単価が高い商品を選ぶほうが成功に近づきます。「この商品がいい」とひらめいた直感が正解であることもありますが、同時に**「長く売れ続ける商品なのか」**と何度も自分に問いかけ、客観的かつ冷静に商品を見極めることが欠かせません。

第3章 発掘

03 3つのポイントを頭に入れて商品を探そう

どうしてもほしくなるのはどんな商品?

いざ、商品を探そうとなったら、誰でも迷うものです。おすすめしたいのは、次の3つのうち、いずれかのポイントを満たしているかを考えながら探していくことです。

❶ 悩み・問題を解決するもの
❷ 本能レベルで飛びつくもの
❸ 欲望を満足させるもの

❶は、ダイエット関連商品やスタイルをよく見せる下着など、潜在的に強いニーズがある商品です。悩みやコンプレックスの解決に新しい提案ができる商品であれば、多くの人がその商品に魅力を感じてくれるはずです。

❷は、直感的に多くの人が「いいな」と思う商品です。たとえば、機能はそこそこでも、デザインが際だった商品などが当たります。

人間には所有欲や性欲などさまざまな欲望がありますから、それらを満たす商品であることも大切です。あえてわかりやすい例でいうと、男性向けの性具である「TENGA」が話題ですが、こうした欲望を満たす商品も消費者を強くひきつける商品の一つです。

上記の❶〜❸のいずれかを満たす商品であれば、必ず買ってくれる消費者がいます。つまり、そこに「市場」があるわけです。

その市場は一見、顕在化していないかもしれませんが、インターネットを使えば、その市場規模をおおまかに推測できます(詳しくは106ページで紹介します)。

まずは、3つのポイントをヒントに「どうしてもほしい」と思える商品を探してみましょう。

第3章 「これは！」という商品をどう発掘するか

商品選びをするときに留意したい3つのポイント

❶悩み・問題を解決するもの
⇒コンプレックスを解消してくれる商品

例） 女性用補正下着
　　 シークレットシューズ　など

> 誰しもが持つコンプレックスを解消する商品の
> ニーズは永遠になくならない。

❷本能レベルで飛びつくもの
⇒直感的に多くの人が「これはいい」と思う商品

例） iPhone（デザインがいい）
　　 柳宗理の包丁（シンプルな美しさがある）など

> デザインや美しさが際だっている商品は、
> 購入に結びつきやすい。

❸欲望を満足させるもの
⇒自己顕示欲、所有欲などの「欲」を満たす商品

例） ブランド性の高い商品（所有欲を満たす）
　　 持っていると目立つ商品（自己顕示欲を満たす）
　　 アダルトグッズ（性欲を満たす）

> 欲望をダイレクトに満たす商品には、
> お金を惜しまない。

第3章 発掘

04 まだ日本で知られていない海外の中小メーカーが狙い目

魅力的な商品を生み出す中小メーカーはたくさんある

輸入総代理ビジネスには、商品を作る海外メーカーという相手方が必ずいます。その相手を見極めることも必要です。

世界的に有名な大企業の商品に惚れ込んでアタックしても、ビジネスの実績がない人を相手にする可能性は極めて低いでしょう。たとえ、話を聞いてくれても、最低ロットが大きく、個人で取り扱うにはあまりにも大きな資本力が必要になることがほとんどです。

もちろん、大手企業から独占販売権を獲得できれば、それに越したことはありませんが、残念ながら交渉が徒労に終わる可能性が高いでしょう。**交渉にかかる時間もコストですから、現実的な目線で取引相手を探すことが大切です。**

まず、取引相手の規模から考えてみましょう。

私は、85ページの図のように、取引相手を3つのパターンに分類して考えています。

❶ ブランド企業（大手）
❷ 中小・新興メーカー
❸ 職人・マニア系中小・零細メーカー

このなかで、狙いたいのは❷・❸です。

❶は、時計ブランドや高級ファッションメーカーなど、一定のステータスを有する企業です。一般的には、個人でオファーを出しても輸入総代理の権利を獲得するのは難しいでしょう。契約内容に厳しい販売ノルマ・ペナルティが盛り込まれたり、最少取引単位

● 第3章 ● 「これは！」という商品をどう発掘するか

大手メーカーよりも中小メーカーが狙い目

① ブランド企業（大手）との契約

一定規模以上のメーカーや高級ファッションブランド、時計ブランドなどとの契約
例）
- HAWKINS（靴）⇔ ABCマート
- カッシーナ（高級家具）⇔ CASSINA IXC.Ltd.
- RIMOWA（旅行用鞄）⇔ 林五

② 中小・新興メーカーとの契約

中小企業や新興メーカー、新進デザイナーなどが立ち上げたメーカーとの契約
例）
- GaGa MILANO（ファッション時計）⇔ GAGA JAPAN
- ヌーブラ（美容用品）⇔ ヌーブラジャパン

③ 職人系・マニア系・利権系との契約

手作業で製品を製作したり、趣味やマニア、コレクター層に対し、高いクオリティの製品を少量提供しているメーカー、特定製品の流通を手中に収めている会社との契約
例）
- グローブ・トロッター（英国職人鞄）⇔ BLBG

狙っていきたいゾーンはここ！

（ロット）が大きくなるため、個人で取引するのは現実的ではないことがほとんどです。

一方、❷・❸は、比較的柔軟性があり、日本側の事情にも歩み寄ってくれるケースが少なくありません。

❷・❸のメーカーは、資本力が乏しいため、日本に進出する体力がないことがよく見られますが、少量生産、手作り、洗練されたデザインのユニークな商品を擁していることも多いのです。

逆説的にいえば、❶のような知名度がない分、日本で紹介すれば、日本人にとって新鮮に映り、斬新な商品として受け入れられる可能性があるということができます。

第3章 発掘

05 手がける商品を見極めるための3つのポイント

輸入総代理ビジネスに向く3つの特性を知っておく

輸入総代理ビジネスに向く商品、向かない商品があります。

輸入総代理ビジネスに向く商品の方向性を挙げていますが、簡単にまとめると、次の3つの特性を持つ商品ということができます。87ページにおすすめの商品の方向性を挙げていますが、簡単にまとめると、次の3つの特性を持つ商品ということができます。

❶ 機能や価格などで消費者に驚きを与えることができる商品
❷ 一定の購入層が見込める商品
❸ ビジネスを展開するうえで取り扱いしやすい商品

このなかで最も大事なのが、❶です。なにはともあれ、日本人にとってなにかしらの「驚き」がある商品でなければ、ビジネスとして成功できません。

たとえば、次のような商品です。

・独創的な商品
・アイデア商品、便利グッズ、特許などで独創性が守られている商品
・高品質・低価格でライバル商品よりも優位性のある商品
・プロ・専門業者向けの商品（たとえば、部品・素材・材料・技術系商品など）
・マニア・コレクター向け商品
・美容健康、コンプレックス解消商品
・遊具、子ども向け商品
・本物・逸品・職人製作系商品
・機能・デザインがすぐれた商品
・日本未上陸の海外では知られている、売れている商品

そのうえで、❷の一定の購入層が見込める商品群を選べば、大きな失敗を避けられます。

そして、❸のビジネスを展開するうえで、安く仕入れられたり、

第3章　「これは！」という商品をどう発掘するか

> ### 輸入総代理に向く商品特性
>
> **❶機能や価格などで消費者に驚きを与えることができる商品**
> 独創的な商品／アイデア商品
>
> **❷一定の購入層が見込める商品**
> 美容健康、コンプレックス解消商品／マニア・コレクター向け商品／プロ・専門業者好みの商品／遊具、子ども向け商品／本物・逸品・職人製作系商品／機能・デザインがすぐれた商品／日本未上陸の海外では知られている、売れている商品
>
> **❸ビジネスを展開するうえで取り扱いしやすい商品**
> 高利益率の商品／旧東側諸国、中東、南米、オセアニア発などの商品／高い関税がかからない商品／大きすぎない、重すぎない、壊れにくい、場所を取らない商品
>
> | ❶〜❸の条件を一つも備えていない商品 | ▶ | 輸入総代理ビジネスには向かない |
> | --- | --- | --- |
> | ❶〜❸の条件を一〜二つ満たす商品 | ▶ | 輸入総代理ビジネスに向く可能性がある |
> | ❶〜❸の条件をすべて満たす商品 | ▶ | 輸入総代理ビジネスに向いている |

より多くの利益を乗せて値付けできたり、破損などが起こりにくい商品であることです。たとえば、次のような商品です。

・高利益率の商品
・旧東側諸国、中東、南米、オセアニア発などの商品
・高い関税がかからない商品
・大きすぎない、重すぎない、壊れにくい、場所を取らない商品

<mark>これら、❶〜❸の条件を兼ね備えた商品であればベターです。</mark>

日本の消費者に「驚き」を与える商品を探しましょう。みなさんも一消費者なわけですから、まず、消費者の視点で素直に「これならほしい」と思える商品を探すことが大切です。

第3章 発掘

06 雑貨や家具などは人気だが……避けたほうがいい商品もある

競合が多い商品は独占販売権取得後に厳しくなる

輸入総代理ビジネスで手がけないほうがいい商品もあります。

- 単価が低く、商品一つあたりの利益が少ない商品。たとえば、単価が安い雑貨、小物など
- 商品サイズが大きく、取り扱いが難しい商品。たとえば、大がかりな家具など
- 競合商品との差別化が難しい、または競合が多い商品。たとえば、サプリメントや化粧品など
- 日本国内に市場がない商品
- アフターフォローが必要な商品。たとえば、家電など
- 法律をクリアするのが難しい商品（薬事法がらみなど）

とくに雑貨や小物を取り扱おうとする人は多いですが、これらの商品群は、突き抜けた独自性がなければ、長く売り続けることはできません。類似商品が多ければ、価格競争に巻き込まれやすいため、たとえ、事業開始直後にうまく立ち上がったとしても、長続きさせるのは難しいでしょう。

売上が一過性に終わるものは避ける

本書では、長くビジネスとして継続できることを目指しますから、売上が一過性に終わるものは避けることを提案します。

もちろん、雑貨や小物でも極めてすぐれた機能や特徴があればいいのですが、そのような条件を満たす商品を探すのは簡単ではありません。独占販売権を苦労して取得しても思うように売れない例をいくつも見てきました。独占販売権の取得が最終目的ではありません。その後のビジネスを続けられる商品か冷静に見極めましょう。

避けたほうが無難な商品

❶ 家具
海外からの輸送費が高くつく。保管場所が必要。単独ブランドでの展開には無理がある。

❷ 小物
利益率が低い。競合商品との差別化が難しい。
※際だってすぐれた機能や特徴がある場合は可能性あり。

❸ 雑貨
利益率が低い。競合商品との差別化が難しい。
※際だってすぐれた機能や特徴がある場合は可能性あり。

❹ 置物・アート・オブジェ
時代の流れで、あまり売れなくなっている。著名人の作品でないと売りにくい。基本的に直接、説明を聞き、納得して購入するものでネット販売には不向き。

❺ 衣料・ファッション系アイテム
サイズを揃える必要があるほか、季節ごとにアイテムの管理を行わないといけない。差別化が難しい。ブランド認知に資金と労力が必要になる。

❻ 玩具
利益率が低い。競合商品との差別化が難しい。
※際だってすぐれた機能や特徴がある場合は可能性あり。

❼ キッチン用品
利益率が低い。競合商品との差別化が難しい。
※際だってすぐれた機能や特徴がある場合は可能性あり。

❽ 化粧品・サプリメント
競合商品との差別化が難しい。サプリメントは薬事法を熟知する必要がある。消費期限があるのもデメリット。

❾ 十分な市場がないもの
106ページで紹介する方法で市場性がないと判断されるものは、輸入総代理ビジネスが成立しない可能性が大きい。

❿ 海外家電など、アフターフォローがいるもの
電気用品を製造または輸入を行う事業者は、法に定められた手続きを行ったうえでPSEマークの表示が必要になる。消費者の生命・身体に対してとくに危害を及ぼすおそれが多い製品は国の定めたPSCマークがないと販売できない。手続きが煩雑なため、おすすめできない。

第3章 発掘

07 商品を一つ販売して、利益5000円以上が理想

薄利多売ではなく、多利薄売を目指す

ここまでは商品自体の魅力から選ぶ際のポイントを挙げてきました。しかし、ビジネスである以上、商品の収益力も無視できません。

たとえば、1個あたりの粗利が10円の商品を1万個売って、10万円の利益を得るのと、粗利5000円の商品を20個売って、10万円の利益を得るのでは、どちらがいいでしょうか。

私は後者、つまり粗利が大きい商品をすすめています。

具体的には、すでに述べたように**最低月5万円以上、理想的には月20万円以上の利益を目標にできる商品**です。

粗利が小さい商品だと、商品の出し入れが煩雑になるだけでなく、一定の利益を上げるために多くの商品を売らなければいけません。つまり、より多くのお客様を見つけなければいけないわけです。そのためには広告を打ったり、多くの販売店を探す必要があるなど、利益以上の手間やコストがかかる可能性が大きくなります。

一方、商品一つあたりの粗利が大きければ、少ない販売数でも一定の利益を上げられます。商品の出入りが少なくなるわけですから、手のかかる発送作業などに忙殺されることも少なくなります。

時間ができれば、輸入総代理を獲得したノウハウを活用して、さらに商品を発掘し、新たに輸入総代理を取得するチャンスも広がります。

こうして、商品を増やすことで利益を積み上げていけば、少ない

● 第3章 ● 「これは！」という商品をどう発掘するか

商品一つあたりの利益を考える

月20万円以上の利益を目標に
（最低限月5万円以上）

商品A
商品一つあたりの利益
10円
↓
いくつ売る必要があるか…
2万個

こんなに売るのは大変そうだ

月20万円の利益を得るのに

商品B
商品一つあたりの利益
5,000円
↓
いくつ売る必要があるか…
40個

この数なら大丈夫そう！

輸入総代理ビジネスでは
一つあたりの利益5,000円以上を目指そう！

販売数でも一定の利益が見込めますし、独占販売権を獲得した商品を増やしていけば、月に数百万円以上の利益を叩き出す商品にめぐり会う可能性も高まります。

実際に、私自身が独占販売権を持つ商品のなかには月に数個しか売れない商品もあります。しかし、そういったものは、一つあたりの利益が大きく、安定した収益をもたらしてくれています。

日本中で話題になるような大ヒット商品を見つけることができなくても、一部の人にニーズがあり続ける商品を二つ、3つと増やしていければ、一定の収益力を持続させることができるのです。

第3章 発掘

08 商品を発掘する方法はいくつかある

ネット検索で探すのがオーソドックスな方法

私はこれまでにいくつもの輸入総代理の権利を獲得してきました。

ここからは、そのノウハウを紹介していきます。まず初めに、独占販売契約を結びたいと思える商品を見つけなければいけません。

魅力的な商品を発掘するには、いくつかの方法があります。

❶ インターネットを駆使して探す
❷ 海外の展示会・見本市に足を運び、その場で発掘＆交渉する
❸ 興味のある国の在日大使館（商務部など）に足を運び相談する
❹ ミプロ、ジェトロを活用する
❺ 海外訪問時に街歩きをしたり、小売店を覗いて探す
❻ 海外雑誌の掲載商品から探す
❼ 海外人脈から情報提供を受ける

このように、商品を見つける方法はいろいろありますが、最も手軽で、かつコストがかからない方法は、ネット検索を使って商品を探す方法です。もちろん、ただ漠然と探すだけでは魅力的な商品には出会えません。

つねに商品を探すという意識を持とう

インターネットを駆使して探す以外の方法は、海外に足を運ぶためのコストがかかったり、海外の人脈がないと難しいものもありますが、現地で直接、商品に触れるからこそ得られる情報や感覚がありますから、余裕のある人は試してもらいたい方法です。

そこには、私なりに蓄積したノウハウがあるので、98ページ以降で紹介していきます。

● 第3章 ● 「これは！」という商品をどう発掘するか

商品発掘のアプローチ方法

国内外の展示会（国際見本市）で発掘
国内は斬新な出展があっても競争相手が多い。海外は費用と時間がかかる。

海外雑誌で発掘
「雑誌掲載をしている」→「売れている」→「販売に力を入れている」という可能性。海外雑誌の情報は「海外雑誌ドットコム」が充実。

中心になる方法

海外訪問時にデパートや小売店で発掘
海外に足を運ぶ機会があれば、いい方法。

インターネット検索で発掘
最も手軽だが若干のテクニックが必要。

海外出先機関の対日輸出情報サービスで発掘
大使館・領事館の商務部・在日商工会議所などを活用。

ジェトロやミプロ（小口輸入や個人輸入をサポート）に相談
海外の輸出業者名鑑で発掘
http://www.jetro.go.jp/
http://www.mipro.or.jp/

貿易参考サイトで発掘
経済大国日本との取引を希望するアジアのメーカーは、貿易参考サイトに情報を掲載する傾向にある。

海外人脈を活用して発掘
Facebookを使うのが現実的。

　その意味では、海外旅行に行ったときも、「輸入総代理ビジネスに向いている商品はないだろうか」「日本人にもウケそうな商品はないだろうか」とアンテナを立てておきましょう。意識的に探さないと、目の前のお宝になかなか気付けません。

　これは海外へ行ったときだけにかぎりません。国内でも、商品探しのアンテナを立てることで、それまでなら見逃していた情報をキャッチできるかもしれません。以降はインターネットを使った商品発掘法を紹介していきますが、実際に目にしたものから商品を探す意識も忘れないようにしたいものです。

第3章 発掘

09 ネット検索で魅力的な商品を見つけるための準備

グーグルのブラウザ「クローム」がおすすめ

商品発掘は、ネット検索を中心に行います。英語をはじめとする外国語に接する機会が増えるので、自動翻訳機能を備えたブラウザを導入しましょう。

これまでの経験からいって、最適なブラウザはグーグルの「Google Chrome（グーグルクローム）」です。もちろん、マイクロソフトの「Internet Explorer」や「Firefox」でも問題はありませんが、「クローム」は外国語ページの閲覧時に、自動で日本語に翻訳してくれるなど、商品発掘に最も適したブラウザだと思います。翻訳機能は完璧ではありませんが、外国語の理解を大きく助けてくれます。

また、クロームはアドオン（拡張機能）をインストールすることで、ブラウザに便利な機能を簡単に追加できることも魅力です。

私は「Split Screen」という画面を2分割できるアドオンをインストールしていますが、商品探しをしながら商品を比較したいときに重宝しています。

まだクロームを使っていない人は、無料ですから早速インストールしてみましょう。

クロームをインストールできたら、「Chrome ウェブストア」からアドオン「Split Screen」も一緒にインストールしましょう。Chrome ウェブストアには、便利な機能を持つアドオンがたくさんあるので、使いやすそうなものにあたりをつけて、インストールしてもかまいません。

● 第3章 ●　「これは！」という商品をどう発掘するか

「Google Chrome」をインストールする

❶ https://www.google.co.jp/chrome/ にアクセス

クリック

❷ 利用規約に同意する

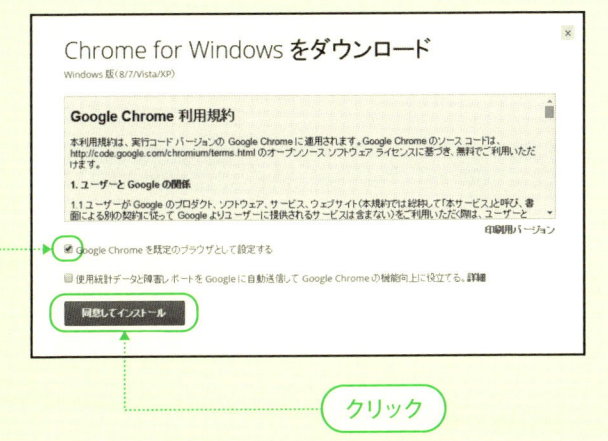

クリック

> ❗ インストール後、Google Chrome を既定のブラウザとして使う場合は、ここにチェックを入れる

（96 ページに続く）

❸ デスクトップのアイコンをクリックする

クリック → ChromeSetup

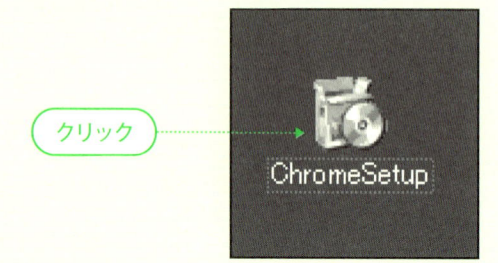

❹ 自動的にインストールが開始される

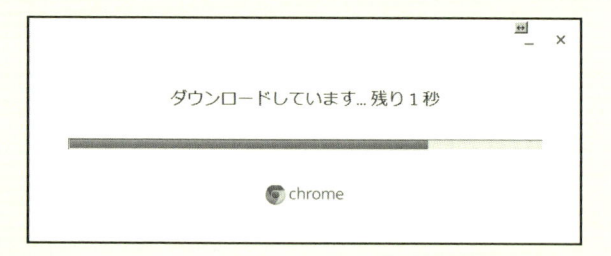

ダウンロードしています... 残り1秒

chrome

❺ Google Chrome が起動する

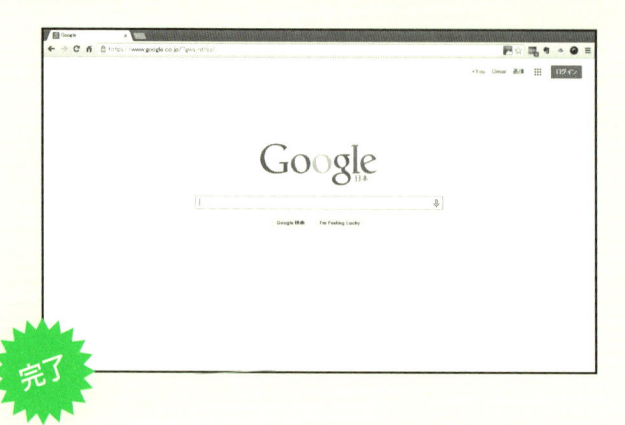

完了

● 第3章 ● 「これは！」という商品をどう発掘するか

「*Split Screen*」をインストールする

❶ Chrome ウェブストアにアクセス

①Split Screen と入力して「Enter」キーを押す

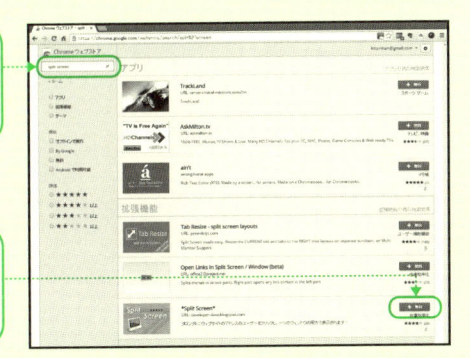

②「*Split Screen*」を確認し、「＋無料」をクリックする

❷「追加」をクリックする

ブラウザにポップアップが表示されるので、「追加」をクリックする。

❸ 表示されたダイアログを確認する

ここをクリックすると「*Split Screen*」が立ち上がる

❹「*Split Screen*」を立ち上げる

画面が二つに分かれる

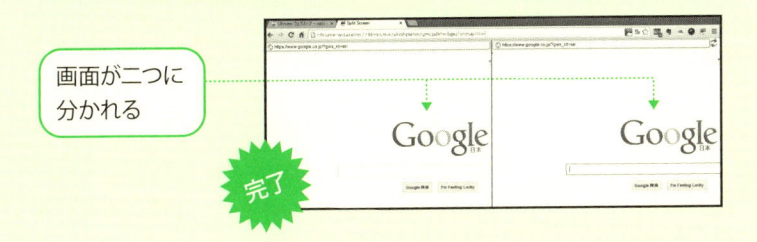

完了

第3章 発掘

10 インターネットを使って「連想力」で商品を発掘する

商品発掘のなかで最も身に付けたいスキル

商品発掘をする際に、最も基本となるのが、インターネットを使った方法です。とはいえ、ただやみくもに検索して、商品を見つけられるほど単純ではありません。

私が検索するときに使うのが「連想発掘法」と名付けた方法です

これは、あるヒントをもとに、連想しながら検索して商品を探していくという方法です。

たとえば、「日本の冷蔵庫は、デザインがよくない」と考えるなら、「デザインにうるさそうなイタリアにかっこいい冷蔵庫があるのではないだろうか」と連想していきます。

もし、あなたが「ヘリコプターや飛行機のラジコンはあるけど……」と考えるなら、「潜水艦のラジコンは珍しいかも」→「世界のどこかに潜水艦のラジコンを作っているメーカーはないだろうか」と連想していきます。

このように、いきなり商品を検索しようとするのではなく、自分自身がなんとなく不満に感じていることや、日本にあってもよさそうなのに、不思議と見かけないものなどをきっかけにして、連想していくのです。

きっかけを見つけるためのキーワード

こうした連想をするには、連想の起点になるきっかけがなければいけません。そのきっかけを見つけるためには、日頃から「日本にないものはないだろうか」「どこかにスキマはないだろうか」と意

● 第3章 ● 「これは！」という商品をどう発掘するか

連想力で検索する具体例

- 日本の冷蔵庫や電子レンジのデザインがよくないなぁ
- 欧米のメーカーにかっこいいデザインがあるかも
- **イタリアやアメリカのメーカーを探してみよう**

- シークレットシューズは昔からあるけど、デザインがダサいものばかり
- 身長に悩むのは世界共通だから海外にもメーカーがあるかも
- **イタリアやフランスにデザインがいい商品があるかも……**

- カヤックが流行ってるらしいけど重そう。持ち運びがネックになりそう
- アメリカやカナダ、オーストラリア、NZなどアウトドア大国を探してみよう
- **軽いカヤック、持ち運べるカヤックを扱っているメーカーがないだろうか**

識しておくことが大切です。ただ漠然と「売れそうな商品はないだろうか」と考えているだけではいけません。すでにモノであふれている日本で生活しているのですから、「日本に足りないものがどこかにないか」意識して嗅覚を磨く必要があるのです。

そのとき、キーワードになるのが「衣食住遊欲病心」です。人が生活していくうえで最低限必要な「衣食住」のほかに、遊（遊び）、欲（性欲や自己顕示欲など）、病（病気）、心（精神的な安定）に対する不満や不安がないかを考えます。

これらは、いくら時代が変わっても、普遍性のある人間の根源的な欲求です。こうした欲求に訴え

る商品を探すことができれば、お金を払っても必要とする人を必ず見つけられます。

検索するときは
意外に多い和製英語に注意

日本語で検索できれば簡単ですが、日本語で検索しても日本にない商品を見つけることは困難ですので、英語をはじめとする外国語で、その国の検索サイトを使って検索します。

アメリカの商品をグーグルで検索するなら、「google.co.jp」では なく、「google.com」、タイの商品なら「google.co.th」で探します。

このときに注意したいのが、和製英語です。

たとえば、「シークレットシューズ」を「secret shoes」で探しても思うような結果は得られません。英語では「tall shoes」だからです。

ボールペンは、「ballpoint pen」ですし、ベビーカーは「baby carriage」や「stroller」「pushchair」です。カタカナ語には和製英語が多いので、もし検索結果がイメージと違っていたら、その言葉が正しい英語であるか辞書で調べるようにすることが大切です。

グーグル・ショッピングで
検索してみる

検索サイト以外にも、グーグル・ショッピング（http://www.google.co.jp/shopping?hl=ja）は

● 第3章 ● 「これは！」という商品をどう発掘するか

便利です。ここで検索すると、ネットショップやeBayなどで扱われている商品を画像で表示してくれます。

通常、「ballpoint pen」で検索すると、ボールペンについて説明するウィキペディアなどのサイトも検索結果に表示されてしまいますが、グーグル・ショッピングでは、商品だけを表示してくれます。もちろん、全世界の商品をすべて表示できるわけではありませんが、効率的に商品を探すことができます。

ピンときたら、その直感は意外と正しい

連想をもとに、インターネットで検索し、さまざまな商品を見ていくと、ピンとくる商品に出会うことがあります。

簡単には出会えませんが、もしピンときたなら、その直感は大事にしてほしいと思います。82ページでも述べたように、あなたが「本能レベル」で飛びついたのなら、同じように本能レベルでほしいと思う人が日本国内にたくさんいるかもしれないからです。

その時点では、なぜピンときたのかを言語化できないかもしれません。しかし、のちのち考えてみると、その理由が見えてくるケースも少なくないのです。

商品発掘は地道な作業で根気が必要です。海外の検索サイトで、

英語もしくは検索したい国の言葉で検索ワードを少しずつ変えるなどの工夫をしながら繰り返します。

最初は思うような結果が得られないかもしれませんが、検索を繰り返していくことで、その精度は上がっていくはずです。

英語が苦手でも、翻訳サイトがあれば大丈夫

なお、外国語のページを検索したとき、英語が心配な人もいると思いますが、クロームの自動翻訳機能や、「エキサイト翻訳 (http://www.excite.co.jp/world/)」「グーグル翻訳 (https://translate.google.co.jp/)」などを利用すれば大半は読み取れるはずです。

101

第3章 発掘

The Exclusive Distributorship in Japan

11 資金力がない人向きの「オーダーメイド商品」の探し方

資金力が乏しい場合はどうすればいい？

一般的に、独占販売権を得ると、ある一定のロットで商品を仕入れることになります。輸入総代理契約を結ぶときに、最少ロットを話し合いで決めるわけですが、輸入総代理契約をオファーするほうが立場が弱くなりがちです。ある程度は相手の要求を飲まざるを得ないケースが多いのです。

たとえば、仕入れ値1000円の商品について、最少ロットが100個なら10万円、1万個なら1000万円が必要になります。

たとえ輸入総代理契約が取れそうな状況でも最少ロットまで至らないケースも少なくありません。その点では、資金力があるほうが有利なのは、疑う余地がありません。

では、かぎられた資金力の私たちのような個人は輸入総代理ビジネスをできないのでしょうか。

答えは「NO」です。

資金力が乏しい人の一つの狙い目となるのが「オーダーメイド商品」です。ちなみに、「オーダーメイド」は和製英語で、この言葉で検索しても海外のオーダーメイド商品を探すことはできません。正しい英語である「made to order」「custom-made」「custom-built」などの言葉で検索する必要があります。

オーダーメイド商品のメリットとデメリット

オーダーメイド商品は、資金面でメリットが大きく二つあります。

❶大量生産される商品でない以上、

● 第3章 ● 「これは！」という商品をどう発掘するか

「オーダーメイド」は和製英語

"オーダーメイド"で検索してもヒットしない！

order made ✕

インターネットで検索するときは……
- made to order（メイド・トゥ・オーダー）
- custom-made（カスタム・メイド）
- custom-built（カスタム・ビルト）

オーダーメイド商品と一般商品の違い

	オーダーメイド商品	一般商品
対象	こだわりのある人 （人数は少ない）	一般消費者 （人数は多い）
利益	ほかにない商品なので、利益を乗せやすい	オーダーメイド商品と比べると、利益を乗せづらい
資金繰り	仕入れは受注の都度になる。受注時に顧客から前金を受ければ、資金負担を抑えることができる	仕入れ時に最低ロット分の資金を用意する必要がある
販売数	少ない	多い
商品価格	高い	安い

大量に仕入れることもないため、仕入れ時に大きな資金力を必要としない

❷受注時にお客様から手付金をいただくこともできる

つまり、資金力の多寡が大きな差になる可能性が低いのです。

また、オーダーメイド商品を扱っているのは比較的小さな企業や工房などが多いため、大手企業などに比べ、交渉しやすい場合が多いといえます。

こうしたメリットがある一方で、オーダーメイドの商品は、大量生産される商品に比べて知名度が低くなります。その分、インターネットで探すのにもちょっとした工夫が必要です。「made to order」

「custom-made」「custom-built」という検索時に必要な英単語を紹介しましたが、これらの言葉を上手に使って、根気強く探していくことが、オーダーメイド商品の発掘には欠かせません。

利益を上乗せしやすいのでじっくり稼ぐことができる

オーダーメイド商品は、製造に手間がかかりますが、その分、大量生産品に比べ、「オーダーメイド」であるという付加価値があります。（現在は、メーカー側の都合により取り扱っていません）。手前味噌になりますが、職人がこだわりを持ってハンドメイドすることの商品は、モノを見る目が肥えた

するので、価格の安さだけが商品購入の決め手にならない場合が多いのです。

そのため、大量生産されている商品に比べ、価格競争に巻き込まれにくいというメリットがあります。商品を販売する際も利益を上乗せしやすいわけです。

たとえば、私がかつて手がけていたオーダーメイドのアタッシュケースは、一般に売られている商品よりも高額ですが、こだわりのある方から注文をいただいています「世界に一つしかない」「自分流にカスタマイズしたい」「人と同じものは持ちたくない」といったように、こだわりのある人が注文

第3章　「これは！」という商品をどう発掘するか

方に訴えかける魅力がありました。もちろん、高額なのでたくさんは売れませんが、1個あたりの利益が大きいため、月20万円以上の利益目標をコンスタントにクリアしてくれる商品に育ちました。

こうした商品は、数万円〜数十万円の価格が付けられる真に良質な商品、マニア向け商品、趣味の商品といった観点から選ぶといいでしょう。価値を見出す人は多少のお金を払っても、ほしいものを購入するものです。

逆にマニア向け商品や趣味の商品で低価格のものは、売れる数がそれほど見込めませんから、ビジネスとして成立しない可能性が高いので避けるほうが無難です。

かつて輸入総代理として手がけていたオーダーメイドのアタッシュケース

一点一点職人が手をかけるオーダーメイド型の英国製アタッシュケース。メルセデス、マクラーレン、ノキアなどがクライアントとして名を連ねる逸品。

第3章 発掘

12 商品に市場性があるか見極める

キーワードプランナーで市場性があるか見極める

やっとの思いで見つけた商品が、世のなかから必要とされていなければ、独占販売権を得られたとしても、ビジネスになりません。海外メーカーと交渉を始める前に、どれだけのニーズがあるかを調べておくことが大切です。

いくつかの方法がありますが、最も簡単に、かつ具体的な数字でその市場性を確認できるのは、インターネットを使った方法です。

そのなかで代表的なのが、グーグルの「キーワードプランナー」を使う方法です。

まず、グーグルの「AdWords（アドワーズ）」に登録し、「運用ツール」から「キーワードプランナー」を選択します。

108ページのように、キーワードを入力、ターゲット設定を「日本」にして「候補を取得」をクリックします。

すると、検索結果に「平均月間検索ボリューム」が表示されます。検索ボリュームとは、その検索キーワードが、日本でどれだけ検索されているかを示すものです。

これをヒントにすれば、興味を持つ人がどれくらいいるかを推し量れるわけです。

私の経験則では、**この数が「3000以上」であれば、輸入総代理ビジネスを行うにあたって可能性のある商品と考える一つの目安になります。**

専門雑誌の有無でも市場性を判断できる

専門雑誌があるかないかも判断

● 第3章 ●　「これは！」という商品をどう発掘するか

「Googleキーワードプランナー」で検索する

❶ https://www.google.co.jp/adwords/ にアクセス

「今すぐ開始」をクリック

❷ アカウントを作成する

メールアドレスを入力

国は「日本」のままでOK

「保存して次へ」をクリック

（108ページに続く）

材料になります。

日本最大の雑誌専門オンライン書店「Fujisan.co.jp（http://www.fujisan.co.jp/）」で専門誌を探すと、鉱石やナイフの専門誌などが簡単に見つかります。バレエやラジコン関連の専門誌は、思いのほか多いと感じるかもしれません。雑誌もビジネスとして成立しなければ、休刊・廃刊に追い込まれるはずですから、関連雑誌が多いほど、よりマーケットが大きいことを示しています。

また実際に書店に出向いて、どれくらい関連する雑誌、書籍があるかを確認するのもヒントになります。そのとき同時に、どれくらいの冊数が置かれているのかも

❸ キーワードプランナーを使う

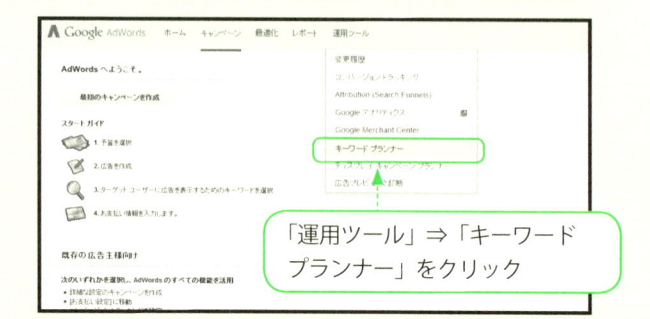

「運用ツール」⇒「キーワードプランナー」をクリック

❹ キーワードを入力する

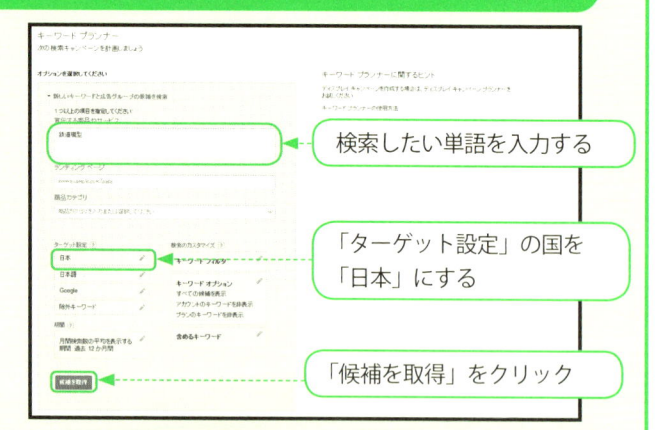

検索したい単語を入力する

「ターゲット設定」の国を「日本」にする

「候補を取得」をクリック

❺ 検索結果を確認する

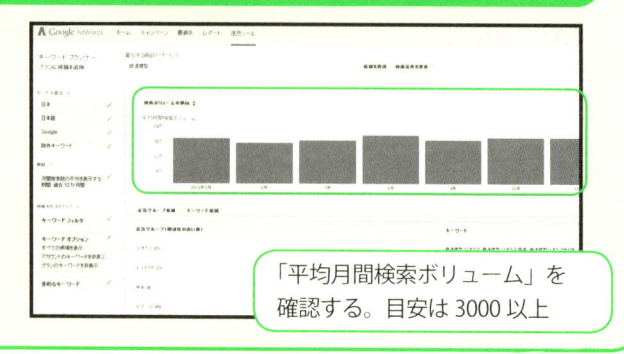

「平均月間検索ボリューム」を確認する。目安は 3000 以上

● 第3章 ● 「これは！」という商品をどう発掘するか

チェックしてください。売れている本や雑誌ほど多くの冊数が置かれている傾向があるので、それも一つの情報になるからです。近くに品揃えの豊富な大型書店があれば、そこで雑誌コーナーをくまなく見てみてください。これまでまったく興味がなかったコーナーまで見ると、本当にたくさんの雑誌があることに驚くはずです。その今まで知らなかったジャンルが、あなたにとっての宝の山になるかもしれません。

タウンページや
サイトのカテゴリーも確認

もう一つの判断基準は、膨大な情報を掲載しているタウンページやヤフオク、楽天市場、Amazonなどのカテゴリーを見ることです。

これらは、あまりにも多くの情報を掲載しているため、利用者が目的の情報・商品にたどり着けるように、工夫を凝らした分類がされています。あまりにも細かく分類しすぎると煩雑になる一方、大雑把な分類では、目的の情報・商品にアクセスしづらくなります。

その点を踏まえると、これらに分類項目がない場合は、市場性が低いと考えられます。

たとえば、タウンページには「販売・卸（その他）」という項目がありますが、さらに、「ラジコン卸」「スキー用品卸」と細分化されて

整理されています。そのなかには、「さんご卸」や「気球用品卸」などの、マニアックな項目もあります。

スキー用品やラジコンに商品発掘のチャンスがあることはもとより、さんごや気球用品にも項目がある以上、そこにもチャンスがあると考えるわけです。

ラジコンなどは専門誌や書籍も多いですから、今さら参入してもレッド・オーシャンかもしれませんが、さんごや気球用品なら新規参入しても、まだブルー・オーシャンかもしれません。

チャンスは意外なところにもあるので、連想力を研ぎ澄まし、商品発掘を根気よく続けましょう。

第3章 発掘

13 「KICKSTARTER」で将来性のある商品を見つける

これから世のなかに出ていく商品の宝庫

輸入総代理は、海外の製品を日本に輸入するビジネスですから、商品発掘する際は、海外サイトに目を向けることが欠かせません。

そこで便利なのが、「KICKSTARTER（キックスター ター）」(https://www.kickstarter.com/)などのクラウドファンディングサービス提供サイトです。45ページで池松さんがクラウドファンディングを利用して資金調達した話を紹介しましたが、ここでクラウドファンディングについて簡単に説明しておきましょう。

クラウドファンディングとは、インターネットを通じて、不特定多数の人から資金の調達を行う手法のことで、群衆（crowd）と資金調達（funding）を組み合わせた言葉です。

クラウドファンディングサイトでは、「こんな商品を実現したい」という人が試作品を作って公開していますが、期限内に目標額までお金が集まれば資金集めは「成功」で、資金を募った人にお金が渡されます。一方、期限内に目標額に達しなければ「失敗」となり、資金提供を申し出ていた人は資金を徴収されることなく、資金を募った人にもお金が渡らない仕組みです。

このように誰かのアイデアを、興味を持った人たちが資金を出すことで支援して、その実現の橋渡しをすることを目的としています。

ここに掲載されている商品は、まだ商品化されていないものが多いので、日本で輸入総代理になっ

● 第3章 ● 「これは！」という商品をどう発掘するか

「KICKSTARTER」で商品を発掘する

❶ https://www.kickstarter.com/ にアクセス

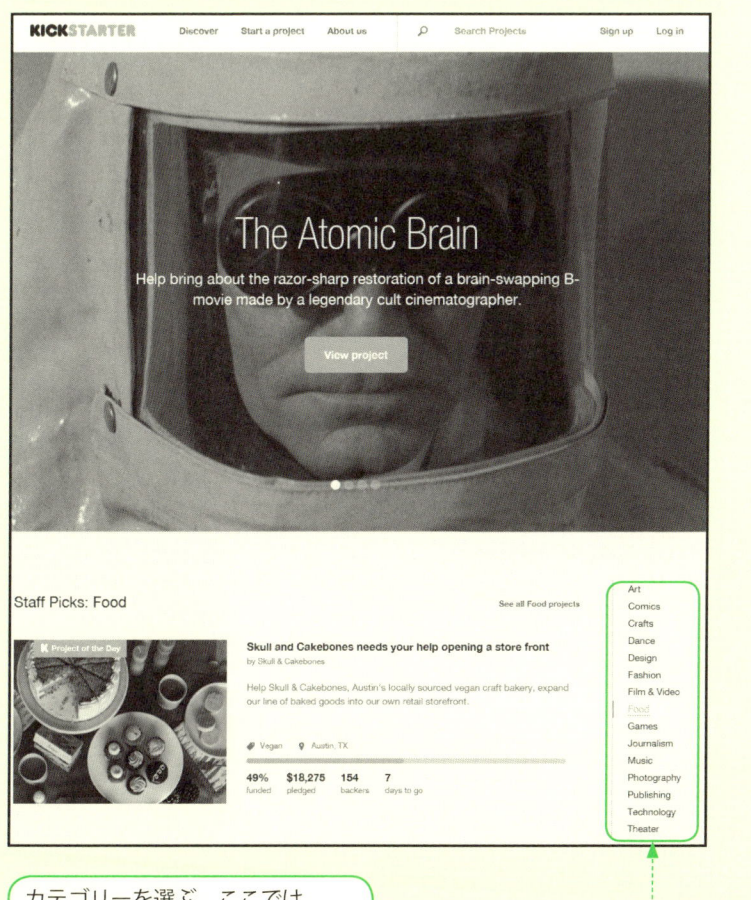

カテゴリーを選ぶ。ここでは、
例として「Design」をクリック

（113ページに続く）

ている人がいる可能性はほぼゼロです。ここで面白そうなモノの将来性を見込んで輸入総代理の交渉を行うわけです。小口でも資金提供すれば、より話を聞いてもらいやすくなるかもしれません。なお、日本語のページは用意されていないので翻訳機能を使って閲覧しましょう。

連想を促してくれる「スタンブルアポン」

さて、「連想」しながら探すことが大切と述べましたが、その「連想」を促してくれる、強力なサポートツールを紹介しておきましょう。

それが「StumbleUpon（スタンブルアポン）」（http://www.stumbleupon.com/）です。ユーザーの好みに応じたウェブサイトを表示してくれるサービスです。

探しているものが明確な場合は、グーグルなどで検索したほうが簡単ですが、商品発掘のように、なにかを漠然と探す場合は、スタンブルアポンのようなサイトのほうが、連想するヒントを与えてくれたり、偶然の発見を促してくれます。「連想力に自信がない」と感じているなら、大きな助けになるはずです。

日本に販売業者がいないか、チェックする

たとえ、輸入したい商品を見つけたからといって安心はできません。あなたが「この商品は日本で売れる！」と思ったのであれば、すでに同じことを考えている日本人がいるかもしれないからです。

それを確認するために、グーグルやヤフーなどの検索エンジンを使って、販売している人がいないかをチェックします。

かりに、その商品が日本で販売されていることを確認しても、それだけで「先を越された」と早合点してはいけません。

すでに販売している人が「輸入総代理」か、単なる「個人輸入」であるかを見極めることが必要です。もし個人輸入によって販売されているのなら、輸入総代理になるチャンスがあるということです。

● 第3章 ● 「これは！」という商品をどう発掘するか

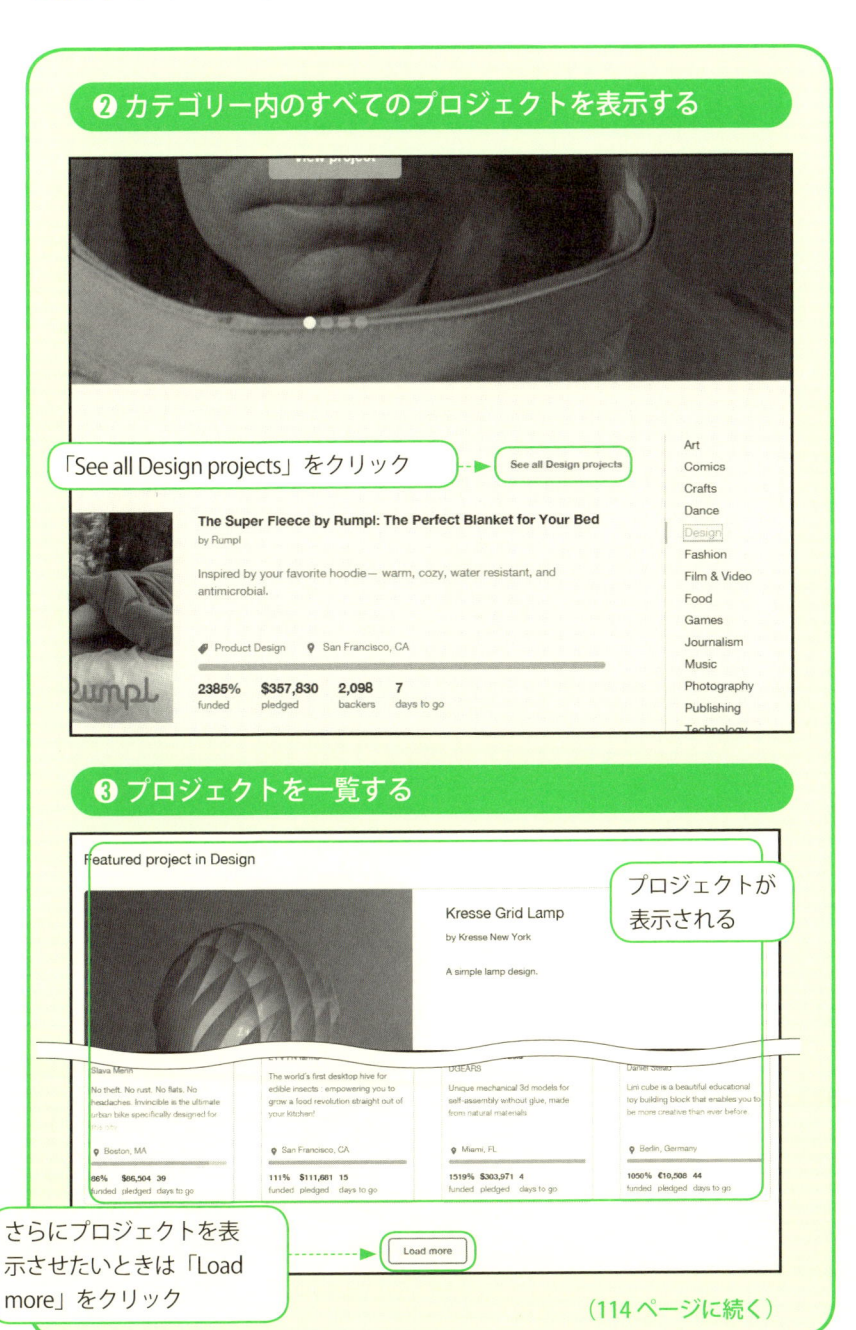

❷ カテゴリー内のすべてのプロジェクトを表示する

「See all Design projects」をクリック

❸ プロジェクトを一覧する

プロジェクトが表示される

さらにプロジェクトを表示させたいときは「Load more」をクリック

（114ページに続く）

❹ 気になるプロジェクトをチェック

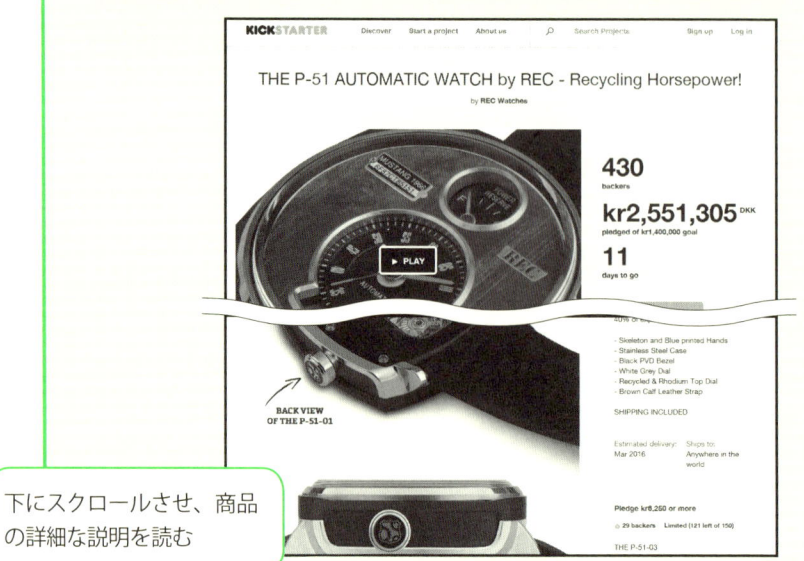

目にとまったプロジェクトの
商品の画面をクリック

❺ 商品の詳細情報を確認する

下にスクロールさせ、商品
の詳細な説明を読む

第4章

海外メーカーに
アプローチする

第4章 交渉

01 英語ができなくても海外メーカーと輸入総代理契約を結べる

英語嫌いの人たちが海外メーカーと契約している

外国語ができなくても海外メーカーと契約できるのだろうかと不安になるのは当たり前です。しかし、第1章で紹介したように、英語力は必要不可欠ではありません。なかには第2章で登場した人たちには「特別な能力があるに違いない」と思った人もいるかもしれません。しかし、決してそんなことはありません。

実際、私は英語力がない人が契約にこぎつけたケースをたくさん見てきました。そして、謙遜ではなく、なにより私自身も英語は得意ではありません。あえて繰り返しますが、**輸入総代理の権利を獲得できるかできないかは英語力では決まらないのです**。

海外のメーカーを動かすのは商品に対する熱い思い

ここで海外のメーカーの立場になって考えてみてください。

海外から、つたない日本語で自分の商品を「輸入したい」と、熱意あふれる文章でオファーが届いたとします。そのとき、日本語がつたないからといって、オファーを断るでしょうか。

不思議なことに、たとえ国籍が異なる相手でも、メールならその文面、電話ならその声から、そうした熱意は伝わるものです。

どうしてもその商品を輸入したいと考える人は、たとえ言葉ができなくても、その気持ちを相手に伝えるために通訳を使ったり、翻訳ソフトを使ったりして思いを伝えようとします。

第4章　海外メーカーにアプローチする

一度は断っても、あきらめずに何度もアタックされれば、気持ちが動くのではないでしょうか。

英語ができない私が、それでも複数の海外メーカーと契約できたのは、**「この商品を日本に紹介したい」「輸入総代理として契約したい」という強い思いがあったから**だと考えています。

商品を輸入したいという強い気持ちが輸入総代理ビジネスには欠かせないのです。

外部の力を使えば英語力を補える

基本的に、海外のメーカーとは英語で交渉することになりますが、必要以上に英語のことを気にしすぎないことです。

もちろん英語ができたほうがいいですから、勉強することは否定しません。しかし現実的に、英語は一朝一夕で身に付きませんから潔くあきらめることも必要です。

多くの日本人が英語アレルギーを持っていることは、同じ日本人として、私もよく分かります。

「英語アレルギーをなくそう」といってもそれは無理ですから、まずは英語のことは棚に上げ、心の底から「日本で販売したいのはこれだ！」と胸を張れる商品を見つけ、その商品に対する思いを強く持つことです。

自分で見つけた商品に魅了されれば、英語ができないことなど気にならなくなるものです。

もし、英語ができないことが気になってしかたがないのなら、その商品は、そこまで魅力的でないのかもしれません。

これまで私が輸入総代理ビジネスを教えてきた方のほとんどは、英語力が高くありませんでしたが、商品に惚れ込んだ人は、そんなことを忘れたかのように海外のメーカーに対してアプローチしていました。

これから説明しますが、英語力の欠如を補ってくれるサービスは充実しています。それらのサービスを利用すれば、十分に輸入総代理になれるのです。

第4章 交渉

02 日本人ならではのアドバンテージを知る

日本人であることのアドバンテージは大きい

メーカーにコンタクトを取らないかぎり、なにも始まらないという意味では、輸入総代理獲得の道のりは恋愛に似ています。相手が異性ではなく、海外のメーカーに変わったと考えてください。

恋焦がれる海外メーカーに対し、自分がいかに選ばれるべき魅力ある人間であるかを伝える必要があるわけです。

かつては、女性が男性を選ぶときの条件として3高(高学歴・高身長・高収入)といわれたことがありました(時代遅れかもしれません……)。実際にどうだったかは別にして、このような条件の人が恋愛において有利とされていたわけです。

では、輸入総代理の交渉においては、どう考えればいいでしょうか。

私たち日本人は、日本人であること自体にいくつかの優位性があると考えることができます。

❶ **日本はアジアで重要な国である**

❷ **人口も消費力もある**

❸ **目の肥えた日本人に認められることは海外メーカーにとってもステータスになる**

❹ **日本人は誠実・親切という印象が浸透している**

日本の国力が落ちたという話がいわれて久しいですが、それでも**日本はアメリカ、中国に次ぐ世界第3位の経済大国です。海外から見たら、依然として魅力的なマーケットであることは揺らぎません。**

しかも、日本人はこれまでに世界を驚かす、すぐれた商品を生み

● 第4章 ● 海外メーカーにアプローチする

出してきました。家電製品、カップラーメン、コンタクトレンズなど、便利でかゆいところにもしっかり手が届く日本製品は、海外の人の生活にも大きなインパクトを与えています。それにより、世界中から日本人は商品に対する目が肥えていると思われているのです。

私もで日本の消費者の目は厳しいと肌で感じているので、「この商品は日本人を満足させることができるのか」という視点で商品発掘しています。

そこで感じるのは、「日本で売れれば大きな利益になるだけでなく、日本人に認められることが自信になる」という気持ちを海外メーカーが持っていることが多い

ということです。

また、日本人は外国人から「誠実」「親切」といった印象を持たれています。海外のメーカーにとっても見ず知らずの外国人と取引を始めるわけですから、このような印象があることはプラスに作用することが多いといえます。

これは取引するうえで大きなアドバンテージです。私が輸入総代理の権利を獲得した際にも、日本人であることがプラスに働いてくれたことがあります。

日本からのオファーが持つ意味

日本人はとくに外国人アレル

ギーが強いですから、これから外国人と交渉するとなると、気後れする人もいるかもしれません。

しかし、日本人のアドバンテージを理解したうえで、「向こうにとってもチャンスだから、きっと興味を持ってくれるに違いない」「日本人が興味を持つことは、うれしいに違いない」ぐらいの気持ちで交渉に臨めば、少しは気がラクになるのではないでしょうか。

もちろん、交渉では、日本人だからといって簡単にうまくいくわけではありませんが、**日本人からのラブコールは海外メーカーにとっても願ってもないチャンスな**のです。

第4章 交渉

03 英語の翻訳はネットを使えば安くできる

ネット上には安価な翻訳サービスがたくさんある

英語を話せない人でも、文章は読める人、まったく読めない人など、英語のレベルは人それぞれですが、たとえ英語に自信がなくても心配する必要がないのは、これまで何度も述べてきたとおりです。インターネットで探すと、英語力を補ってくれる、さまざまなサービスを見つけられます。

たとえば、「Webで翻訳」というサイトでは、納品までの時間が24時間以内の場合は1ワード16円で翻訳してくれるほか、100ワード以内の英語なら2500円で最短90分で納品してくれます。2回目以降は一度お願いした担当者を指名できるのもメリットです。

「Gengo」というサイトでは、1文字5円〜とわかりやすい料金体系になっています。

このような翻訳サービスは近年、競争が激しくなっているため、料金も割安になり、利用しやすくなっています。

121ページでは参考までに二つの翻訳サービスを行うサイトを紹介していますが、相性もあるので、いくつかのサイトを利用して、自分に合うところを探してみるのもいいでしょう。

ト、時間と天秤にかけなければ、こうしたアウトソーシングサービスを利用するのは妥当な選択です。

英語力に自信がない人は、英語の勉強をするよりも、お気に入りの翻訳サービスを見つけるほうが時間もかかりませんし、前向きではないでしょうか。

勉強して英語を身に付けるコス

第4章　海外メーカーにアプローチする

英語が苦手な人をサポートしてくれるサービス

● Web で翻訳
URL：http://web-trans.jp
24時間365日プロの翻訳家が最短90分以内で納品してくれる翻訳サービスを展開。英語だけでなく、中国語、韓国語、フランス語、ドイツ語、イタリア語などの翻訳サービスを行う。

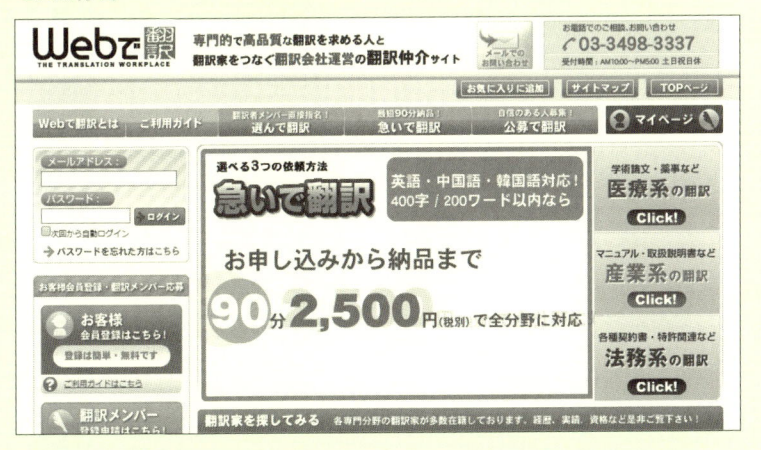

● Gengo
URL：http://gengo.com/ja/
英訳1文字あたり5円〜で、最低注文金額なし。専門性の高い案件を除き4時間以内に完了するスピードがウリ。400字弱の翻訳であれば、わずか15分で納品されたケースも。

第4章 交渉

04 英文ビジネスレターのキホンのキ

ビジネスレターの決まりごとを知っておこう

輸入総代理ビジネスを行うにあたって、海外メーカーとのやりとりの手段で重要なのがメールです。

日本でもビジネス上で出すメールには一定の決まりがあるように、英語のメールにも決まりごとがあります。覚えてしまえば簡単なので、その決まりごとについて知っておきましょう。

英語のメールには必要になる項目がいくつかあります。

❶宛先
❷件名
❸頭語（受取人名）
❹本文
❺末文
❻結語
❼差出人名・連絡先

まず、頭語についてです。

頭語とは、日本の「拝啓」や「前略」などにあたるメールの最初の部分のことで、いくつかの種類があります。

相手の性別がわかるときは、

「Dear Sir（相手が男性の場合）」

「Dear Madam（相手が女性の場合）」、相手の性別が不明な場合は「Dear Sir or Madam」とするのが基本です。相手の氏名がわかるときは、「Dear Mr./Ms./Mrs./Miss＋ファミリーネーム（姓）」を記入します。

次に、結語とは結びとして文章の最後を締めくくる言葉です。日本の「敬具」「草々」などにあたるもので、本文から2行空けて書くのが一般的です。

結語にもさまざまな種類がありますが、相手を知らない場合は

● 第4章 ● 海外メーカーにアプローチする

英文メールの基本形式

From：gihyo_taro@gihyo.co.jp
To：
CC： ❶宛先
BCC：
Subject：Request for Product Documents ❷件名

ヘッダー

Dear Mr. Johnson, ❸頭語（受取人名）

I am writing you for the first time.
I am Mr. Gihyo of Gijutsu-Hyohron Co., Ltd.

❹本文

We have total confidence in the design.
If you have any question,
please feel free to contact us at the email address below.
I hope we keep in touch. ❺末文

本文

Truly yours, ❻結語
Gihyo Taro
Gijutsu-Hyohron Co., Ltd.
TEL03-1234-5678 ❼差出人名・連絡先
FAX03-1234-6789
gihyo_taro@gihyo.co.jp

フッター

123

「Sincerely,」が一般的で、親しくなったら「Best Regards,」といった表現がよく用いられます。

頭語、結語は相手との関係性によって変わってきます。125ページを参考にしてください。

簡潔に、単刀直入に、率直に

ビジネスレターを書くときは、なによりも相手に読んでもらうことが重要です。相手が最初に見るのは件名ですから、ここを簡潔にわかりやすく書くことです。

たとえば、以下の例を比較した場合どちらがいいでしょうか。

❶ 商品の輸入について
❷ 商品「○○○」の輸入について

より具体的な❷のほうがよい件名です。ただし、具体的に書こうとするあまり、冗長にならないように注意しましょう。

これは、本文についてもあてはまります。**日本のビジネス文書でおなじみの前書きや時候の挨拶は不要です。単刀直入に切り出すほうが好まれます。**

それ以外にも本文を書く際には、いくつかのポイントがあります。

❶ 結論から先に書く
❷ 客観的な事実を簡潔に書く
❸ 相手への依頼を具体的に書く

これらは英語、日本語にかかわらず重要なことですが、とくに海外とのやりとりでは、これらのポイントを外すと、日本人相手にするイメージを与えてしまいます。読む相手は大切な時間を費やすわけですから、簡潔に、具体的で、わかりやすい内容を心がけましょう。日本人特有の婉曲表現は避け、直接的すぎるかなと思うぐらいの率直な表現でちょうどいいぐらいです。

内容がわかりづらければ、相手は返事を書きにくくなり、外国からのメールであれば、返信するのが面倒になってしまいます。

そして、最後には自分が何者であるか、必ず署名を入れましょう。メールソフトの自動署名の機能を使って、あらかじめ英文の署名を用意しておくと便利です。

さまざまな種類がある頭語と結語

●頭語の種類

・初めてメールを送る相手の場合

Dear Mr. Johnson,（**Dear** ＋敬称＋相手のファミリーネーム）

・ある程度親しい間柄の相手の場合

Dear Mary,（**Dear** ＋相手のファーストネーム）

・相手の名前や性別がわからない場合

Dear Sir or Madam,（拝啓）

Dear Sales Manager,（営業マネージャー様）

To whom it may concern（関係者様）

●結語の種類

・メールで一般的な結語（知っている人に使う）

Regards,

Best Regards,

・私信に使う少しフォーマルな結語（知らない人にも使う）

Sincerely,

Yours sincerely,

Sincerely yours,

・フォーマルな結語

Truly yours,

Yours truly,

・フォーマルな結語
（相手の名前がわからず、文頭を **Dear Sir,** や **Dear Madam,** で始めた場合）

Faithfully yours,

Yours faithfully,

第4章 交渉

05 これから始まる交渉の流れを ざっくりとつかんでおこう

輸入総代理の獲得までにするべきこと

輸入する商品が決まったら海外のメーカーとの交渉になりますが、簡単にその流れを理解しておきましょう。

商品を選定したら、基本的にはメールでファーストコンタクトを取ります。相手からの反応があれば、自分が何者かのプレゼンを行います。

そこで先方に興味を持ってもらえたら、サンプル品の入手を行います。ネット上で「これだ！」と思った商品でも、実際に手にすると想像とは異なる場合があるからです。

サンプル確認後に、商品を輸入することを決めたら、実際にいくらで輸入するかを確認します。通常、この見積書の価格から、さらにいくら安くできるか交渉していきます。商品価格以外にも、送料や保険料の負担をどうするのか、送金方法や発送方法など、のちのちトラブルにならないように、細部の条件を詰めていき、それらが決まれば、契約書を取り交わします。

その後は実際に送金を行い、商品を発送してもらって、商品が到着したら、晴れて販売ができるようになります。

この一連の過程がスムーズに進むとはかぎりませんが、双方が歩み寄りながら、話を進めていけば交渉を妥結することは不可能なことではないのは第2章で紹介したとおりです。

ここからは交渉について説明していきます。

第4章　海外メーカーにアプローチする

海外メーカーとの交渉から契約までのおおまかな流れ

- ファーストコンタクト（P.130）
- ↓
- サンプルを取り寄せる（P.136）
- ↓
- 見積書を請求する（P.138）
- ↓
- 輸送、通関、海上保険料などのコストを算出する（P.142〜）
- ↓
- 契約のための交渉を始める（P.158）
- ↓
- カウンターオファーをする（P.160）
- ↓
- 交渉成立
- ↓
- 契約書を作成する（P.164）
- ↓
- 商品を発注する（P.170）
- ↓
- 商品を受け取る（P.174）
- ↓
- 販売開始

第4章 交渉

06 交渉を始める前に頭に入れておきたいこと

これから始める交渉の最終目標は、輸入総代理の契約を勝ち取ることです。その実現のためには、海外メーカーに「あなたを日本の総代理にしたい」と思わせるように訴えていく必要があります。

まずは次の視点から当該商品の日本市場における強みを考えます。

❶ 日本にはなく、ニーズが見込める
❷ 競合商品より優位性がある
❸ 日本で売れるという具体的イメージ
❹ 日本人が当該商品を購入すると考えられる土壌
❺ 自分が当該商品に注目し、惚れ込んだ理由

メーカーにはいいことばかりではなく、合わせて日本で販売する際のリスクも伝えるべきです。その際に総代理を置くことが、リスク回避に結びつくことを伝えられれば効果的です。

たとえば第1章で述べた並行輸入による商品の大量流入が過当な価格競争を引き起こし、それが日本でのイメージ低下につながる懸念を、輸入総代理を置くことで回避できることを説明するわけです。

海外メーカーの知らない日本の流通、ネット通販の現状を伝えつつ、「たくさん売りたい気持ち」をくすぐりながら、「日本のことは日本人に任せよう」と思わせるように交渉できると理想的です。

相手が契約を躊躇した場合は上手に譲歩することも忘れずに

海外メーカーからすれば、見知

● 第4章 ● 海外メーカーにアプローチする

らぬ外国人から独占契約を申し込まれるわけですから、警戒し、契約を躊躇するケースも少なくありません。

その場合は、あえて暫定的な総代理契約を提示してみるのも有効です。たとえば半年〜1年という期間に限定して、暫定的に総代理契約を結び、そのあと、双方が合意できれば本格的な総代理契約を結ぶという提案をするわけです。こうすることで、先方に安心感を与えることができます。

これは一例で、押してダメなときは引いてみるとうまくいくのが交渉ごとです。相手の気持ちがどうなって、躊躇する原因をどう取り除けばいいのかを考えると、交渉が膠着したときに打開策が見つかるかもしれません。

相手の信用度に不安がある場合は

インターネットで探した取引相手が、本当に信用できるのか、わからないまま交渉するのは不安です。

もし取引相手の信用度を測りたい場合は、信用調査会社を利用する手があります。なかでも有名なのがアメリカのダン・アンド・ブラッドストリート社です。

同社が発行する「D&Bレポート」は世界中の企業で利用されている企業信用調査レポートで、世界200カ国の企業をカバーしているレポートには企業の事業内容はもとより、総資産額や財務内容を審査した4段階で示される独自の信用格付けも掲載されています。

日本国内では、コファスの海外企業信用調査が便利です。上場、未上場、国有、私企業、個人事業主など会社の規模や種別にかかわらず調査が可能です。原則的に各国の調査担当がその時点で入手可能な最新の決算書や登記情報などをもとに、2万7500円〜（税別、地域によって異なる）の料金で情報提供してくれます。基本的には、英語のレポートですが、別料金で和訳もしてもらえます。

第4章 交渉

07 ファーストコンタクトで海外メーカーに興味を持たせる

第一印象はとても大事
自分をどう演出するか考える

どのようにコンタクトするのかが最初の大きな関門です。

見ず知らずの外国人といきなり電話でビジネスの話をするのは困難でしょうから、メールでやりとりするのが基本です。まず、日本人同士のやりとりと同様に自分が何者かを伝えましょう。

英語で考えてうまくいかない場合は、まず日本語で考えてみることです。私の経験則でいえば、伝えるべきことに、外国人と日本人の違いはさほどありません。

私は131ページの挨拶文とともに、以下の5つの項目をパワーポイントやワードを使って英文で作成し、PDF化して、メールに添えて送っています。

❶ 略歴（学歴・詳細な職歴などは不要。会社を持っているなら会社の事業概要も）
❷ 笑顔の写真（相手に親近感を持ってもらえるように）
❸ 商品のどこにひかれたのか。なぜ日本で販売したいのか
❹ 所有するウェブサイトやFacebookのアカウントなどの情報
❺ 過去にメディアから取材された経験があるなら、その情報

メール本文（挨拶文）は簡潔に書きます。多少おかしな英語でも日本人とわかれば大目に見てくれるはずです。

英語力が最大の障壁と感じているなら、その気持ちは捨ててアプローチすることです。ここで一歩踏み出さなければ、なにも始まりません。

第4章　海外メーカーにアプローチする

海外メーカーへの挨拶文の文例

英文例

Dear Sir,

I happened to know about your company on the website.
I would like to deal with your company very much.
I am sure that you would enjoy the partnership with me once a business relation with me is established.
Please look at the attached file about my own profile and a summary of business introducing my company.
I am looking forward to your early reply.

Thank you very much.

　　　　　　　　　　　　　　　　　　　　　　　Yours truly,
　　　　　　　　　　　　　　　　　　　　　　　Kenichi Ishizaki

日本語訳

拝啓

ウェブサイトで御社のことを知りました。
ぜひ御社と取引させていただければと思います。
もし私と仕事をしていただけるなら、御社を満足させることができると確信しております。
私のプロフィールと弊社の事業概要を書いた添付ファイルをご覧ください。
早々のお返事を期待しております。

どうもありがとうございます。

　　　　　　　　　　　　　　　　　　　　　　　　　　　敬具
　　　　　　　　　　　　　　　　　　　　　　　　　　石﨑絢一

第4章 交渉

08 相手のアンテナに引っかかるためのコツ

海外メーカーが知りたいことを伝えよう

海外のメーカーは、日本という新たな市場で取引先を得ることで、売上を増やしたいと考えています。

総代理を取るには、自分（自社）を総代理とすることがメーカーの利益につながることを理解してもらう必要があります。

相手に自分を総代理にするメリットを伝えるための切り口には、以下のようなものがあります。

・まだ日本では普及していない商品であり、確実なニーズが見込めることを伝える

・日本に競合商品があるけれども、優位性がある商品である。売れると判断した理由を伝える

・日本で販売すれば、こういった形で売れるという具体的イメージを伝える（ネット販売・小売店への卸売り・SNSマーケティングなど）

・日本には、その商品を販売するだけの状態（国民のレベル、購買層、その分野への関心の高さなど）がすでに揃っていることを伝える。楽天などの販売サイト、雑誌記事の現状、ネットの検索母数なども合わせて伝えられると効果的

・自分がいかに、その商品に関心があるのか、惚れ込んでいるのかを伝える

・相手が躊躇している場合は、半年間〜1年間の暫定総代理についても伝えてみる

このようにさまざまな側面から自分を総代理にするメリットを伝

● 第4章　海外メーカーにアプローチする

総代理を置かないデメリットにも言及する

また、日本で販売するリスクについても説明する必要があります。その際には、日本に総代理を置かないデメリットにも言及し、日本で販売するリスクを、総代理を置くことで回避できるというイメージを植え付けることが大切です。

たとえば、海外のメーカーのなかには、日本のインターネット通販(楽天やヤフオク、ネットショップなど)の状況はもとより、日本の商慣習などをまったく知らないところも少なくありません。そこで、次のような説明をします。

「かりに総代理を置かずに、日本に商品を卸すと短期間で売上は上がるでしょう。しかし、御社の商品が売れるとわかれば、すぐに価格競争になり、商品イメージを崩してでも廉売・乱売するところが出てきて、苛烈な販売競争のスパイラルに陥ります」

こうしたことを伝え、結局はスタートで売れた商品も短命で終わり、ブランドイメージが根付くことなく、販売は瞬く間に下火になるリスクがあるのが日本のマーケットであることを説明するわけです。

色を付けてでも相手に訴えることが大事

そして、予定している販売戦略、実績、スキル、人脈や知識の豊富さなど、自分を売り込む材料があれば、多少、脚色してでも相手に訴えましょう。

もちろん嘘はいけませんが、アレンジして、相手に「任せてもいい」と思ってもらえるように演出することも交渉ごとでは大事です。

メーカーは、商品を売りたいと思っていますが、大切な商品を必要以上に安売りされたいとは決して思っていません。

らのことを、あきらめずに伝えていけば、相手の気持ちを動かすことは不可能ではありません。

すぐに色よい返事がもらえることはほとんどありませんが、これ

第4章 交渉

09 先方から返事がなかった場合の対処法

返信がなかったら、めげずに再度チャレンジ

先方から返信がなかったからといって、すぐにあきらめてはいけません。私の経験では、すぐに返事が来ることもありましたが、なかなか返事が来ないことも少なくありませんでした。

しばらく経っても返事が来ない場合は、相手が見過ごしている可能性もあるので、もう一度、メールを送ってみることです。

一度はメールが開封されたのに、興味がなくて無視されているのか、ただ単純に見過ごされているのかを知ることはできません。

なかには「興味がなくて無視されたのではないだろうか」と一人思い悩んでしまう人もいますが、かりにそうだとしても悩んだところでその問題は解決されないわけですから、もう一度、アプローチしてみることです。

その結果、返信があって、少しでも先方が興味を持っているようであれば具体的な交渉に進みます。

ただし、何度かメールを送っても返事がなかったときは、キリのいいところであきらめることも大切です。時間をかけても見込みがないと思ったら、スパッとあきらめて新たな商品の発掘に頭を切り替えましょう。

しつこくアプローチすることでうまくいくこともなくはなかったのですが、こちらが頑張っても相手がまったく興味を持ってくれないこともありました。これはかりは相手あってのことですから、「恋愛」と同様に、ときにはあきらめることも必要ということです。

返信を催促するときの文例

英文例

Dear Sir,

I know you have been very busy, but I am wondering if you have received our email on November 10.
I would appreciate if you respond to my email.
I really look forward to hearing from you very shortly.

Thank you very much.

Yours truly,
Kenichi Ishizaki

日本語訳

拝啓

お忙しいのは承知しておりますが、
11月10日にお送りしたメールを受け取っていただいたでしょうか。
私のメールアドレスにご返信いただければ幸いです。
早期のお返事を楽しみにしております。

どうもありがとうございます。

敬具
石﨑絢一

第4章 交渉

10 本格的な交渉を始める前にサンプル品を取り寄せよう

交渉の前にサンプル品の送付を依頼する

海外メーカーがこちらのオファーに対して、興味を持っているようであれば、正式に交渉を始めることになりますが、**その前にも、サンプル販売の可能性を吟味するためにも、サンプルを取り寄せましょう。**

これから売ろうとする商品の現物を実際に手にしたことがなければ、その商品のディテールについて理解できません。

サンプルを請求するときは、以下の項目について記載したメールを送ります。

❶ 商品名
❷ 色
❸ 数量
❹ サンプル品の価格
❺ 送料
❻ 支払い方法

商品の定価が1万円以内くらいであれば、サンプルは無料になるケースもありますが、サンプル品を依頼する段階では、お金がかかることを前提に話を進めるのが無難です。

なお、高額商品や一点ものの商品の場合はサンプルとして送ってもらい、確認後に返却できるかを尋ねてみましょう。その際は、返送のための送料・保険料をこちらで負担することをあらかじめ申し出ておけば、応じてもらいやすくなります。

無事にサンプルが届いたら、先方に到着したことを伝えると親切です。到着時点でサンプルに関する疑問などがあれば、遠慮なく質問しましょう。

136

サンプル品を依頼するときの文例

英文例

I look into the market shortly to see if there is any possibility of sales about some of your product line.
Therefore I would highly appreciate it if you could send a sample of the following item as quickly as possible.

Item :
Color :
QTY :

Please be sure to let me know the total cost of sample including postage and the method of payment so that the payment will be made accordingly.
I look forward to hearing from you soon.

日本語訳

貴社の商品の販売の可能性を検討するため、下記のサンプル商品を送っていただきますよう、お願いいたします。

商品名：
色：
数量：

送料込みのサンプル商品価格と支払いの方法をお知らせください。お返事を受け取りしだい、送金させていただきます。
速やかなお返事をお待ちしております。

第4章 交渉

11 見積書を請求して、輸入価格を考える

価格表があっても見積書は必要

サンプル商品を確認し、これから輸入すると決めたら、**正式な注文をする前に見積書を請求します**。

海外との取引に慣れたメーカーであればホームページに価格表を用意している場合もありますが、商品によっては注文する数量によって商品単価が変わる場合があります。

たとえ価格表があっても送料、保険料、手数料などを含めた正確な額を知るために見積もりを請求して確認します。

同時に、今後、注文数量が増減することを想定して、**数量別の価格表も送ってもらいましょう**。

140ページで説明しますが、見積書が送られてくる前に、あらかじめサンプルで確認した商品を日本国内で売るときにいくらなら消費者に受け入れられるかを考えておきます。

当然、輸入価格が安いほうが利益を得やすくなるので、見積書で提示された価格が高い場合は、金額交渉が必要になります。

ただし、輸入総代理ビジネスを行ううえで交渉するのは、商品価格だけではありません。商品を送る際にかかる保険料や輸送費は、どちらが負担するかなども含めて考えなければいけません。また、輸入する商品によっては税金（関税）もかかりますので、これらも考慮しなければいけません。

なお、保険料、輸送費、関税については、本章で後述しますので参考にしてください。

第4章 海外メーカーにアプローチする

見積もりを依頼するときの文例

英文例

I would appreciate having your quotation to be filled in the following sheet.

	Item	Unit	Price	Quantity	Total Amount
1.					
2.					
3.					
4.					

Also specify;
1. Cost of shipment
① By air parcel post ② By international courier service（DHL, UPS or FedEx）
2. Insurance（Please arrange coverage at your end and payable by the consignee.）
Thank you for your immediate attention to the above.

日本語訳

貴社の下記の商品を注文したいと思っています。下記、表にご記入ください。

・品名 ・単位 ・単価 ・数量 ・合計金額

以下の点もお知らせください。
1. 送料について
①航空郵便小包の場合　②国際宅配便の場合（DHL、UPS またはFedEx）
2. 保険料金（輸出者のほうで保険をかけて、料金は荷受人に請求してください）
速やかなお返事をお待ちしております。

第4章 交渉

12 交渉前に販売価格をシミュレーションする

販売方法によって変わる価格設定の考え方

輸入ビジネスのメリットは、輸入した商品にいくら利益を乗せて販売するかを自分で決められることにあります。だからといって利益を乗せて高くなりすぎれば売れなくなり、安すぎれば利益が出ずにビジネスが持続できません。

国内販売価格は、メーカーからの輸入価格をもとに決めるので、交渉前に日本でいくらぐらいで販売できるかを考えておく必要があります。

ただし、その際、❶自らが持つ実店舗やネットショップでの「直接販売のみ」か、❷「卸販売も想定している」か、で少し価格設定の考え方は変わってきます。

私は次のような基準で価格設定を考えています。

直接販売のみの価格設定の考え方

❶「直接販売のみ」の場合は、他社に卸す必要性がないため、仕入れコスト（商品代金・保険込みの輸送コスト・関税・消費税・地方消費税など）を算出後、利益率50％程度（ただし高額商品の場合は30〜35％程度でもOK）の販売価格を設定できるかどうか。できるなら輸入しようと考えます。

卸販売も想定する場合の価格設定の考え方

❷「卸販売も想定している」場合は、卸先の利益も考えなければいけません。それを考慮すると、仕入れコストに対して、利益率が70％程度（高額商品の場合は50％

● 第4章 ● 海外メーカーにアプローチする

想定する販売方法ごとの販売価格の考え方

●**直接販売のみの場合**
　→目安となる利益率 **50%**

例）ハンドメイド潜水艦ラジコン
　　仕入れコスト……8万円
　　販売価格＝仕入れコスト8万円／（1－利益率50%）
　＝16万円

●**卸販売も想定している場合**
　→目安となる利益率 **70%**

例）高機能スーツケースの場合
　　仕入れコスト……1万2000円
　　販売価格＝仕入れコスト1万2000円／（1－利益率70%）
　＝4万円

・卸先の利益率40%（平均30〜40%、高くても50%程度）
　⇒ 卸先の利益1万6000円
・自社の利益率27%⇒ 利益1万800円
※これくらいの利益が残ればビジネスとして成立する。

程度でも可）得られないと日本での販売は難しいでしょう。

なぜなら、販売してくれる卸先に対し、利益率を平均30〜40%確保したうえで、自らの利益率25%程度を目安として確保しなければいけないからです。

自分たちの利益だけでなく、卸先の利益もある程度確保しないと、のちのち販売店に商品を扱ってもらえず、卸販売をするという計画が思いどおりに進みません。

卸売りの展開も考える場合は、商品を売ってくれるお店の利益のことまで考えなくてはいけません。

いずれにしろ、今後を見越したうえで販売価格を詰めましょう。

第4章 交渉

13 さまざまな輸送方法の特徴を知る

輸送方法によって手続きに違いがある

いざ商品を輸入すると、商品の輸送が必要になります。その手段は、おもに以下の5つの方法があります。

❶ 国際宅配便
❷ 国際郵便小包
❸ 航空貨物
❹ 海上貨物
❺ 携帯輸入

それぞれメリット・デメリットがあるので、商品に合った輸送方法を選ぶことが大切です。

❶ 国際宅配便

荷物をドア・ツー・ドアで届ける輸送サービスで、国内ではヤマト運輸や佐川急便、海外ではFedEx（フェデックス）やDHL、UPSが有名です。

輸出者から出荷された荷物は、倉庫や店舗まで一貫して輸送されます。**関税がかかる場合、宅配便業者が立替払いをしているので、通関の手間が省けるのはメリット**です。関税は、配送時に宅配便業者に支払います。

また、全世界の主要都市からなら1週間以内の輸送が可能なスピードも魅力です。

ただし、業者により異なりますが、たとえば、ヤマト運輸の場合だとサイズの上限は、「縦・横・高さの合計が160cm以内で、重さが25kgまで」といったように、輸送できる大きさや重量に制限が設けられています。

比較的、小さな荷物の輸送に向いているため、家具などの大きな商品の輸送には使えません。

● 第4章 ● 海外メーカーにアプローチする

❷国際郵便小包

各国の郵便局が取り扱う輸送サービスで、EMS（国際スピード郵便）や航空便、SAL（エコノミー航空便）、船便などから輸送方法を選択でき、**国際宅配便と同様、おおむね20～30kgまでの比較的小さな荷物の輸送に向いています。**

EMSは国際郵便のなかで最も早く、2～4日で荷物を届けることができますが、その分料金が高いのが難点です。

SALは通関・配達手続きがEMSや航空便よりあとになるため2～3週間と少し時間がかかりますが、その分料金は安く抑えられています。

航空便は、EMSより時間はかかりますが、SALよりは早く、3～6日で世界中に荷物が届くので料金は高めです。

船便は1～3カ月と時間はかかりますが、おおむねEMSの半分ほどの料金で輸送できるのがメリットです。

❸航空貨物

比較的大きな荷物も輸送でき、海上貨物より早く届くのがメリットですが、その分料金は割高です。寸法や重量の制限を超えてしまい、国際宅配便、国際郵便小包を利用できないときに利用します。

また手続きは、インボイス、領収書、パッキングリスト、運送状、運賃明細書のほか、保険をかけている場合は保険証券、場合によっては原産地証明書、諸官庁の許可書・承認書などの必要書類を用意して、税関に輸入申告をしなければいけないなど、国際宅配便や国際郵便小包に比べると、かなり煩雑で難易度が高い輸送方法です。

空港間の国際輸送だけでなく、輸出地での輸送、通関手続き、日本に到着後の輸入通関手続き、国内輸送などを、**まとめて国際物流仲介業者（フレイト・フォワーダー）に依頼するのが一般的です。**

運賃は基本的に重量をもとに計算されますが、最低運賃（ミニマムチャージ）があるので注意が必

要です。

発送から受け取りまでにはさまざまな費用がかかります。どの費用を輸入者、輸出者のどちらが負担するかは146ページで説明するとおり、輸送前に海外メーカーと交渉しておく必要があります。

❹ 海上貨物

20フィート、40フィートコンテナに入るものなら、大きな荷物も輸送可能です。航空便などに比べて時間がかかり、輸送先によっては届くまでに3カ月ほど待たなくてはいけない場合もあります。時間はかかりますが、航空貨物に比べて料金が安いのが最大のメリットです。

ただし、航空貨物と同様、手続きが煩雑ですので、**フレイト・フォワーダーに任せることが一般的です。**

❺ 携帯輸入

海外で買い付けた商品を自分の手荷物として航空機などに持ち込んで輸入する方法です。

課税価格の合計が30万円程度以下であれば、旅具通関が認められています。通関にあたっては、あらかじめ個人用の土産物などと商用荷物を分け、申告書を作成します。申告書には商品の名称や価格がわかるインボイスを添付する必要があります。

機内で配布される「携帯品・別送品申告書」でも代替できますが、この場合は輸入許可書が発行されません。「携帯品・別送品（輸出・輸入託送品）申告書」は、2通提出し、輸入許可が下りると、提出した申告書のうち1通が輸入許可書として返却されます。

どちらの場合も税関の審査が終了し、関税・消費税などを納付すれば、商品を受け取れます。

このように商品の輸送方法には、それぞれ特徴があります。取り扱う商品によって、どの輸送方法が適しているかも変わってきますので、輸送業者などに相談しながら、商品を運ぶ手段を選びましょう。

● 第4章 ● 海外メーカーにアプローチする

5つのおもな輸送方法

種類		輸送範囲	重量制限	メリット	デメリット	難易度
国際宅配便		ドア・ツー・ドア	おおむね70kgまで	・手続きが簡単 ・早く届く（2~3日） ・自動的に保険付帯 ・荷物の追跡調査可	・料金が高い ・大きな商品は輸送不可 ・温度管理指定は原則不可	簡単
国際郵便小包	EMS	ドア・ツー・ドア	30kgまで（国によって異なる）	・手続きが簡単 ・早く届く（2~4日） ・荷物の追跡調査可 ・国際宅配便より安い	・料金が比較的高い ・大きな商品は輸送不可 ・温度管理指定不可	簡単
	航空便		30kgまで（国によって異なる）	・手続きが簡単 ・早く届く（3~6日）	・料金が比較的高い ・大きな商品は輸送不可 ・温度管理指定不可	簡単
	船便		30kgまで（国によって異なる）	・手続きが簡単 ・料金が安い	・届くのが遅い（1~3カ月） ・温度管理指定不可	簡単
航空貨物		基本的に空港間	制限なし	・早く届く ・大きな商品も輸送可 ・温度管理指定可	・手続きが煩雑 ・料金が比較的高い	難しい
海上貨物		基本的に海港間	約17.5トン（20フィート型コンテナ1基を使用時の内容量）	・料金が安い ・大きな商品も輸送可 ・温度管理指定可	・手続きが煩雑 ・届くのが遅い	難しい
携帯輸入		ドア・ツー・ドア	20kg程度（航空会社による。超過分は追加料金を支払う）	・早く届く	・自分で持ち運ばなければならない ・大きな商品は輸送不可 ・温度管理指定不可	簡単

第4章 交渉

14 輸入するなら知っておきたい国際ルール「インコタームズ」

貿易の国際的なルール「インコタームズ」

サンプルや見積書を確認して、日本で販売したい気持ちに揺るぎがなければ、輸入総代理として契約する条件を詰めていきます。

142ページで説明した輸送方法のうち、航空貨物、海上貨物として輸入する場合は、交渉を行う前に「インコタームズ(Incoterms)」について理解する必要があります。

インコタームズとは、運賃、保険料、リスク(損失責任)負担などの条件について、国際商業会議所(ICC)が定めた国際的な貿易に関するルールです。

法律ではないので強制力はありませんが、輸出に慣れたメーカーとであれば、全部で11種類あるインコタームズの取引条件のいずれかで話を進めるのが一般的です。なかでも重要なのは以下の二つの条件です。FOB(本船甲板渡し条件)は商品代および本船に積み込むまでの作業コストを含む契約で、一方CIFは、商品代、国際輸送運賃、保険料を含む契約です。輸入通関の際、税関への申告価格はCIFをベースに輸入消費税が計算されるので、とくに重要といえます。

なお、インコタームズには強制力がないので、話し合いによる独自条件の設定も認められています。

FOBとCIFの違いを理解する

輸入総代理ビジネスにとって重要なFOBとCIFについて説明していきますが、その前に商品を

第4章　海外メーカーにアプローチする

インコタームズの11種類の条件

● **EXW（工場渡し）**
売主の施設や指定場所（工場、倉庫など）において、約定品を買主の処分に委ねたときに売主の引き渡し義務が完了する。売主は引き取りの車両に積み込まず、輸出通関も行わない。

● **FCA（運送人渡し）**
指定場所において、買主が指定した運送人に約定品を引き渡したときに売主の引き渡し義務が完了する。輸出通関手続きは売主が行う。引き渡し場所が売主の施設内の場合、売主は積み込みの責任を負う。引き渡し場所がこれ以外の場合は、売主は荷卸しの責任を負わない。買主が物品の受領のため運送人以外を指名した場合は、その者に委ねられた時点で引き渡しが完了する。

● **CPT（輸送費込み）**
約定品を売主が指定した運送人に引き渡した時点で売主の引き渡し義務が完了するが、指定仕向け地までの運送費用は売主が負担する。物品が運送人に引き渡されたあとは、買主が一切の危険と以後の追加費用を負担する。輸出通関手続きは売主が行う。

● **CIP（輸送費保険料込み）**
売主の引き渡し義務は CPT と同じだが、売主は約定品の指定仕向け地までの運送費用および貨物運送保険料を負担する。CIP 条件においては最小担保の保険だけを取得することを要求されているので注意が必要。輸出通関手続きは売主が行う。

● **DAT（ターミナル持ち込み渡し）**
仕向け港または仕向け地における指定ターミナルで、物品が輸送手段から荷卸しされたあと、買主の処分に委ねられたとき、売主が引き渡し（危険移転）の義務を果たす。輸出通関手続きは売主が行う。

● **DAP（仕向け地持ち込み渡し）**
指定仕向け地で荷卸しの準備ができている、到着した輸送手段のうえで、物品が買主の処分に委ねられたとき、売主が引き渡しの義務（危険移転）を果たす。輸出通関手続きは売主が行うが輸入通関の義務はない。しかし、輸入通関手続きを当事者が希望する場合は DDP を選択すべきである。

● **DDP（関税込み持ち込み渡し）**
物品が、指定仕向け地において荷卸しの準備ができている、到着した輸送手段のうえで輸入通関を済ませ買主の処分に委ねられたとき、売主が引き渡しの義務（危険移転）を果たす。輸出入通関一切の義務を負う。関税に付随する付加価値税（内国消費税など）も売主勘定である。

● **FAS（船側渡し）**
約定品を指定船積み港の本船の船側に当該港の慣習に沿って置いた時点で売主の引き渡し義務が完了し、買主はそのときから物品の一切の費用および滅失・損傷の危険を負担しなければならない。輸出通関手続きは売主が行う。

● **FOB（本船渡し）**
約定品が指定船積み港で本船の船上で物品を引き渡すか、または、すでにそのように引き渡した時点で、売主の引き渡し義務が完了し、買主はそのときから物品の一切の費用および滅失・損傷の危険を負担しなければならない。輸出通関手続きは売主が行う。

● **CFR（運賃込み）**
売主の引き渡し義務は FOB と同じだが、売主は約定品を指定仕向け港まで運送するための費用を負担する。輸出通関手続きは売主が行う。実務においては伝統的な表現である C&F として使用されているが、正しくは CFR である。物品の滅失または損傷は、物品が本船の船上に置かれたとき、または引き渡されたときに危険負担は売主から買主へ移転する。

● **CIF（運賃保険料込み）**
売主の引き渡し義務は FOB と同じだが、売主は約定品の指定仕向け港までの運賃を負担する。物品の滅失または損傷は、物品が本船の船上に置かれたとき、または引き渡されたときに危険負担は売主から買主へ移転する。CIF において売主は、運送中の物品の滅失・損傷についての買主の危険に対して海上保険も負担する。しかし、CIF 条件においては最小担保の保険だけを取得することを要求されているので注意が必要。輸出通関手続きは売主が行う。

出所：SANKYU-物流情報サービス（CISS）
http://webciss.sankyu.co.jp/portal/j/asp/newsitem.asp?nw_id=1899

輸入するプロセスを理解しておく必要があります。

モノの輸入にかかる費用には、おもに以下のものがあります。

❶ 輸送費
❷ 保険料
❸ 関税・通関費用

それを輸入者と輸出者のどちらが、どこまで負担するかを明確にするために貿易条件が定められていますが、「どこまで」はどのように区分されているのでしょうか。

海外メーカー（送り主）が、日本の輸入総代理（受け主）に荷物を送るまでには、おおまかに以下のステップを踏みます。

（海外）国内配送

↓

輸出通関

↓

国際輸送

↓

輸入通関

↓

（日本）国内配送

「運賃・保険料込み条件」と呼ばれるCIFは送り主が国際輸送までの運賃＋保険料を負担する方法で、輸入通関以降は受け主が費用を負担します。

一方、「本船甲板渡し条件」といわれるFOBは、送り主は輸出する港で船に積み込むまでの輸送費・保険料を負担します。国際輸送以降の費用は受け主の負担です。

ここで間違ってはいけないのは、商品代、国際輸送費、保険料などは、いずれにしろ最終的に買主がすべて負担するということです。

CIFは、輸送費、保険料、商品代金（つまり、売り主のインボイス）に含まれますが、FOBは、輸送費、保険料が商品代金に含まれません。その違いは、輸送費や保険料などの経費を先に払うか、後で払うかの違いだけしかないのです。ただし、輸送費などは、送り主の（現地輸送業者との）契約料金を利用したほうが、一般的には安くなる傾向があります。

1回あたりの手数料負担が大きくなくても回数が増えれば、その

● 第4章 ● 海外メーカーにアプローチする

CIFとFOB

CIFの場合

送り主の危険負担 ／ 受け主の危険負担

自己のために付保する必要のある区間 ／ 取引条件上、送り主が受け主のために付保する義務のある区間

貨物海上保険（送り主手配）

FOBの場合

送り主の危険負担 ／ 受け主の危険負担

輸出FOB保険（送り主手配・内航貨物海上保険の一種） ／ 貨物海上保険（受け主手配）

小口輸送でも基本的には保険の付保が必要

総額は大きくなります。一度決めた契約を変更するには労力が必要です。それを念頭に入れ、契約時に貿易条件の交渉をしましょう。

送料、保険料などは重要なコストです。関税（152ページ）とともに確認しておきましょう。

EMS（国際スピード郵便）は、2万円までは付保なしで補償対象ですが、それ以上の額は別途付保する必要があります。国際郵便小包や国際宅配便のようにドア・ツー・ドアで配送される方法でも、基本的に保険を付保する必要があります。

第4章 交渉

15 商品の損傷など、輸送時のリスクに備えた保険をかける

輸入総代理がお世話になるのは「海上保険」

輸入貨物の損傷・盗難などのリスクに対応するために、航空または海上輸送中における事故に備えた「海上保険」をかけるのが一般的です。

輸入者、輸出者のどちらかが保険に入りますが、それは契約時のインコタームズによる輸送費用と危険負担の取り決めに基づいて決まります。

たとえば、CIF（運賃・保険料込み条件）であれば、保険料は輸出者の負担になりますが、輸入者が海外の工場出荷時点から日本への到着までの輸送を手配して費用負担する契約であるEXW（工場渡し条件）であれば、輸入者が負担します。

海上保険は、種類によって補償の範囲が異なりますが、基本的に、ほぼすべての危険を補償する「ICC（A）」の保険をかけるのが一般的です。

この保険をかければ、商品が全損したときはもちろんのこと、船の火災による損失や、貨物の一部が損害を受ける分損など、ほとんどのリスクをカバーしてくれます。

海上保険をかける場合は、三井住友海上火災保険や東京海上日動火災保険などの損害保険会社が申し込み先になります。

保険料は貨物の性質・状態や輸送経路、輸送方法などを勘案して算出され、万が一のときに支払われる保険金額はCIF価額の1・1倍にするのが一般的となっています。

● 第4章 ● 海外メーカーにアプローチする

海上保険の種類と補償される範囲の違い

ICC (A) …事故に対して最も広い範囲をカバーする内容の保険
ICC (B) …全損、沈没・座礁・大火災・衝突以外の事故による分損、貨物墜落による1個ごとの全損、共同海損による損害などが補償される保険
ICC (C) …全損、貨物墜落による1個ごとの全損、共同海損による損害などが補償されるが、沈没・座礁・大火災・衝突以外の事故による分損を担保しない保険

事故の種類	保険条件		
	ICC(A)	ICC(B)	ICC(C)
火災・爆発	○	○	○
船舶またははしけの沈没・座礁	○	○	○
陸上輸送用具の転覆・脱線	○	○	○
輸送用具の衝突	○	○	○
積み込み・荷卸しの際の水没または落下による梱包1個ごとの全損	○	○	●
海・湖・河川の水の輸送用具・保管場所などへの浸入	○	○	●
地震・噴火・雷	○	○	●
共同海損（分担額）・救助料	○	○	○
そのほかの損害（濡れ損、破損、曲がり、へこみ、盗難、漏出、不足、汚染など）	○	●	●
戦争（宣戦の有無を問わない）、内乱、捕獲、だ捕	●	●	●
ストライキ（職場閉鎖を受けている労働者・労働紛争・暴動に加わっている者によるものなど）	●	●	●

○…保険金が支払われる　●…保険金が支払われない

第4章 交渉

16 輸入時に課税される関税について知っておこう

関税はCIF価格を基準に決定される

商品を輸入する際に発生する税金が「関税」です。輸入者は、貨物を輸入する日までに日本円で関税を納付する必要があります。

税額は、**輸入貨物代金、運賃、保険料を合計したCIF価格が課税標準**になり、外国通貨で表示された価格は輸入申告日の外国為替相場で日本円に換算されます。

また、輸送方法によって、関税の確定方法が異なるので注意が必要です。

関税などの税金を納税する方法には、輸入申告することで税関が決まる「**申告納税方式**」と、税関が輸入されるものを調べることで税額が決まる「**賦課納税方式**」の2種類があります。

どちらの方式で納めるかは、輸送手段によって異なります。

申告納税方式で関税を納税するケース

航空貨物、海上貨物、国際宅配便は、輸入者が行う輸入申告によって納付すべき税額が確定する「申告納税方式」です。

ただし、ドア・ツー・ドアで輸送される国際宅配便は、国際宅配便業者が通関を代行し、関税などの税金を立替払いしていますので、商品受け取り時に、現金や銀行振込などで税金を支払います。

なお、課税価格の合計額が1万円以下の場合は、関税および消費税が免除される「少額物品の免税制度」が適用されます。20万円以下の場合は、「少額貨物簡易税率」（156ページの表を参照）が適

152

● 第4章 ● 海外メーカーにアプローチする

申告納税方式と賦課納税方式

申告納税方式

原則として、輸入者（納税義務者）が行う輸入申告によって、輸入貨物について「納付すべき関税額」または「納付すべき関税額がないこと」を確定する方式。ただし、輸入者から申告がない場合、申告税額の計算が規定どおりでない場合、申告税額が税関長の調査と異なる場合は、税関長の処分によって税額が決定される。

【対象となる輸送方法】
・海上貨物、航空貨物
・国際宅配便
・課税価格20万円超の航空便（EMSを含む）、船便などの国際郵便

賦課納税方式

税関が輸入物の中身を検査することで納付すべき税額が確定する方式。

【対象となる輸送方法】
・課税価格20万円以下の航空便（EMSを含む）、船便などの国際郵便
・携帯輸入

賦課納税方式で関税を納税するケース

航空便（EMSを含む）、船便などの国際郵便は、課税価格が20万円以下なら、「賦課納税方式」となります。これは税関職員が郵便物を検査することで税額が確定する方式です。

なお課税価格の合計額が1万円以下の場合は、「少額物品の免税制度」により無税。課税価格の合計額が20万円以下の場合は「簡易税率」が適用されます。20万円を超える場合は、このあと説明する一般貨物と同じ扱いになります。

国際宅配便や国際郵便以外の

おもな商品の関税率の目安

品目〔具体的な品目例〕		関税率
衣料品	毛皮のコート 外衣類、下着類 Tシャツ 水着 ネクタイ（織物） マフラー類	20% 5.3～12.8% 7.4～10.9% 8.4～10.9% 8.4～13.4% 4.4～9.1%
ハンドバッグ	革製	8～16%
アクセサリー	金製、銀製、プラチナ製、貴石製品	5.2～5.4%
玩具	玩具（人形を含む）	無税～3.9%
スポーツ用品 レジャー用品	乗用自動車、オートバイ モーターボート、ヨット、カヌー スキー用具、ゴルフクラブ 釣り用具	無税 無税 無税 3.2%
履物	甲が革製または甲の一部に 革を使用したもの	30%または 4300円/足 のうち いずれか 高い税率
家具類	腰掛け、家具（事務所・台所・寝室用）	無税

関税率および各品目の関税率表上の所属区分は、原産国、品目の材質、加工の有無および用途などによって大きく変わる場合があるので、この表の関税率がそのまま適用されるとはかぎらない。

出所：税関ホームページ

「一般貨物」は、商品が届くと、航空会社や船会社から商品の受取人に通知が届きます。通知を受けたら、「輸入（納税）申告書」に「インボイス（172ページ参照）」「運賃明細書」などの必要書類を添付して税関に提出し、通関手続きを行います。それによって税額が確定する「申告納税方式」となります。

なお、**通関手続きは専門的な知識が必要なため、通関業者に依頼するのが一般的です。**

関税は輸入する商品によって異なる

関税の税率は、品目によって異なります。課税価格の総額が20万円以下の場合は「少額貨物簡易税

● 第4章 ● 海外メーカーにアプローチする

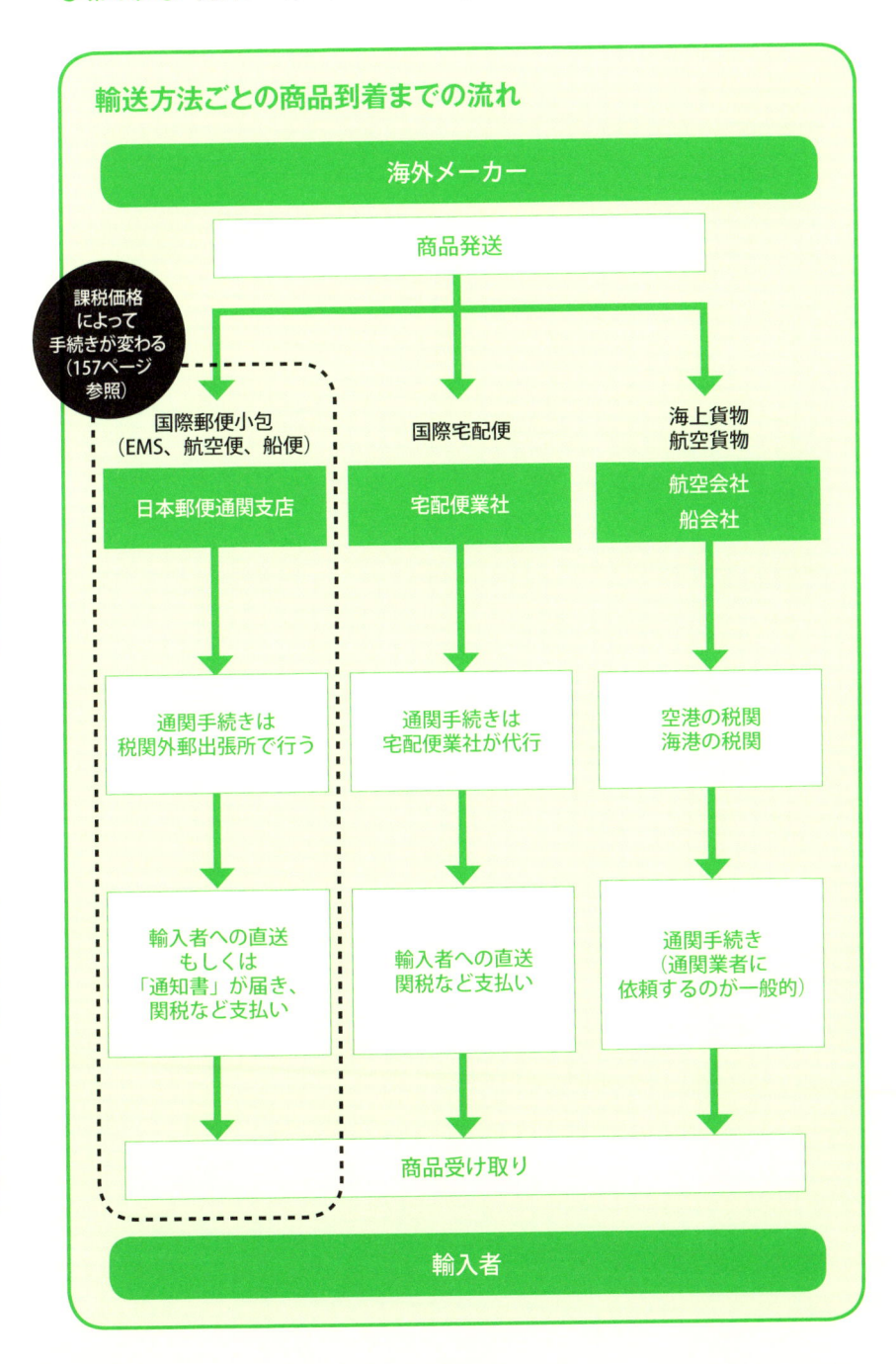

輸送方法ごとの商品到着までの流れ

```
海外メーカー
    ↓
商品発送
```

課税価格によって手続きが変わる（157ページ参照）

国際郵便小包 (EMS、航空便、船便)	国際宅配便	海上貨物 航空貨物
日本郵便通関支店	宅配便業社	航空会社 船会社
通関手続きは 税関外郵出張所で行う	通関手続きは 宅配便業社が代行	空港の税関 海港の税関
輸入者への直送 もしくは 「通知書」が届き、 関税など支払い	輸入者への直送 関税など支払い	通関手続き （通関業者に 依頼するのが一般的）

```
商品受け取り
    ↓
輸入者
```

少額輸入貨物に対する簡易税率表

	品目〔具体的な品目例〕	関税率
1	酒類 ①ワイン ②焼酎などの蒸留酒 ③清酒、りんご酒など	70円/リットル 20円/リットル 30円/リットル
2	トマトソース、氷菓、なめした毛皮（ドロップスキン）、毛皮製品など	20%
3	コーヒー、茶（紅茶を除く）、なめした毛皮（ドロップスキンを除く）など	15%
4	衣類および衣類附属品（メリヤス編みまたはクロセ編みのものを除く）など	10%
5	プラスチック製品、ガラス製品、卑金属（銅、アルミニウムなど）製品、家具、玩具など	3%
6	ゴム、紙、陶磁製品、鉄鋼製品、すず製品	無税
7	そのほかのもの	5%

1. 課税価格が1万円以下の貨物の場合、原則として、関税、消費税および地方消費税は免除される。ただし、酒税およびたばこ税・たばこ特別消費税は免除にならない。また、革製のバッグ、パンスト・タイツ、手袋・履物、スキー靴、ニット製衣類などは個人的な使用に供されるギフトとして居住者に贈られたものである場合を除き、課税価格が1万円以下であっても関税などは免除されない。
2. 個人が自身の個人的使用の目的で輸入する貨物の課税価格は、海外小売価格に0.6をかけた金額となる。そのほかの貨物の課税価格は、商品の価格に運送費および保険料を足した金額になる。
3. 上記の関税率とは別に内国消費税（消費税、酒税など）および地方消費税が別途課税される。また、無税のものについては、内国消費税および地方消費税のみが課税される。
4. 郵便物の重量制限などのため2個以上に分割されている場合は、この合計が課税価格となる。

出所：税関ホームページ

率」が適用されます。20万円以上の場合は、税関のホームページに掲載されている「実行関税率表」で税率を確認しましょう。

個人的使用の目的で輸入する貨物の課税価格は購入価格×60％となりますが、そのほかの貨物の課税価格は、購入価格に輸送費や保険料を加えた金額になります。

物品によって無税のものもあれば、革靴のように関税率が30％に及ぶものもあります。関税分はコストとして、日本での販売価格に上乗せしなければいけませんので、あらかじめ調べておきましょう。

関税の税率は細かく区分されているので、詳しいことは所轄の税関に尋ねてみるのが安心です。

● 第4章 ● 海外メーカーにアプローチする

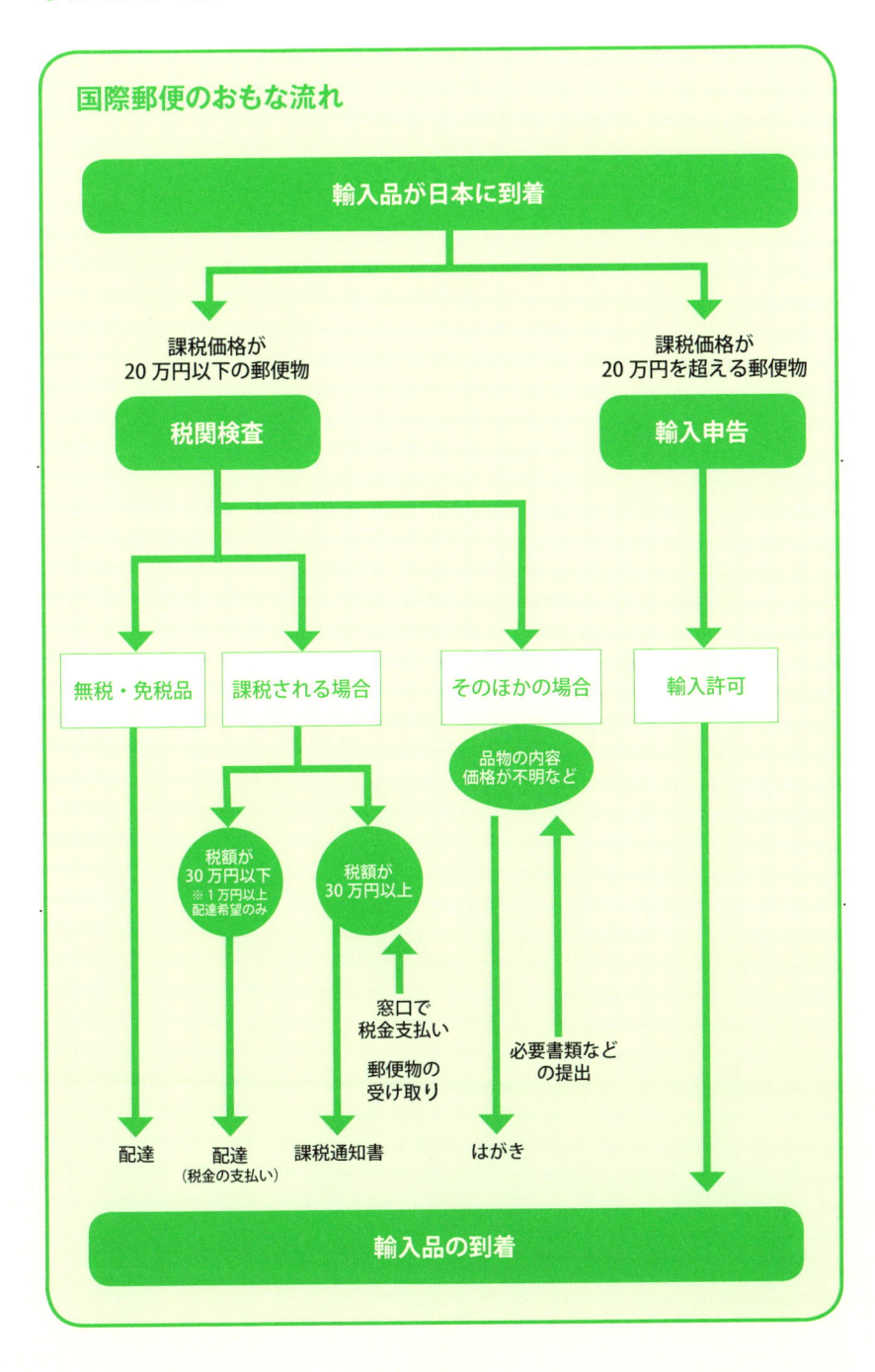

国際郵便のおもな流れ

```
輸入品が日本に到着
├─ 課税価格が20万円以下の郵便物 → 税関検査
│   ├─ 無税・免税品 → 配達
│   ├─ 課税される場合
│   │   ├─ 税額が30万円以下
│   │   │   ※1万円以上配達希望のみ
│   │   │   → 配達（税金の支払い）
│   │   └─ 税額が30万円以上
│   │       窓口で税金支払い
│   │       郵便物の受け取り
│   │       → 課税通知書
│   └─ そのほかの場合
│       品物の内容価格が不明など
│       必要書類などの提出
│       → はがき
└─ 課税価格が20万円を超える郵便物 → 輸入申告 → 輸入許可

→ 輸入品の到着
```

第4章 交渉

17 契約のための交渉で押さえておくこと

輸入価格のほかにも決めることはたくさんある

海外のメーカーが、自社で日本に進出するのはコストや人的資源などの面から大きなリスクをともないますが、あなたがコンタクトを取ったことで、彼らは少ないリスクで自社商品を日本で展開できるチャンスを得たわけです。

日本の代表として任せることのメリットを理解してもらい、信頼を得ることができたら、契約するための最終交渉に入ります。

この段階では、納期、梱包形態のほか、輸送手段・保険など輸送関連の費用負担、支払い方法に関連することなど、詳細に条件を詰めていきますので、まず契約するための条件提示を相手に求めましょう。

初めての取引相手との支払い条件は先払いが一般的

まだ実績のない取引相手前は、どの段階でお金をやりとりするのかが気になるはずです。

輸入する際は、商品がない段階ない相手に全額前払いするのは不安ですが、それはメーカー側も同様です。**初めての取引を行うときは買い手が全額前払いをするのが一般的**ですので、最初から全額後払いを要求すると心証を悪くしかねません。

なお、今後、輸入総代理ビジネスが軌道に乗り、お互いに信頼関係が醸成されれば、分割払いや一部後払いの条件を了解してもらえることもあります。

これまでに何度かやりとりしているとはいえ、まだ取引をしていない相手に全額前払いするのは不

第4章　海外メーカーにアプローチする

張された場合は、1年目は日本市場立ち上げの準備期間であるという説明を行い、自分が対応可能な数量・金額を伝えて、理解を求めてみましょう。

もし、**資金が十分でなければ、サンプルとして一定数の輸入を認めてもらい、軌道に乗るまでは受注してから発注する形式にしてもらうことを求めてもいいでしょう。**

最初の提示条件が自分の許容できる範囲を超えている場合でも、「なんとしてでも日本市場で総代理になりたい」という強い意志と熱意とともに、こちらでなんとかできる代案を提示していけば、メーカーがその情熱を受け入れ、理解を示してくれることも少なくありません。

また、契約時には、メーカーから最低限の輸入量を設定されることが少なくありません。その数量が多すぎる場合、もし見込みが外れて売れなければ、在庫リスクになってしまいます。なるべく小さなロットでも輸入できるように交渉することが必要です。

その際は、一度に多くの取引量を伝えてくる海外メーカーに対して、まずは**テストマーケティングを日本で行いたいと伝えるのも一つの方法です。**

年間購入量（数量・金額）を主

安を拭えないでしょうから、最初から大きなロット（数量）のやりとりにしないことで、リスクを抑えるようにします。

契約締結まで数十回のやりとりになることも

最初の条件提示で、うまくいくことなどありません。お互いに妥協点を探りながら、数回、多いときには数十回のやりとりをすることも覚悟しましょう。

日本人は、どうも外国人に比べ、お人好しなところがあるようです。交渉がまとまれば仲間ですが、**まとめるまでの交渉過程は戦いですから、主張したいことは躊躇せず主張することも大切です。**

交渉は簡単ではありませんが、苦労がある分、契約がまとまったときの喜びはひとしおです。

ありません。

第4章 交渉

18 カウンターオファーをする

納得できる条件になるまであきらめずに交渉する

海外メーカーから提示された条件（オファー）を一度で承諾する必要はありません。オファーに対して、内容の一部もしくはすべてを変更したい場合は、その条件変更を明示した返事をします。それを**カウンターオファー**といいます。

オファーとカウンターオファーは合意するまで繰り返します。最初に相手からオファーを受け取ったときに、相手が譲歩してくれそうか、それとも譲歩してくれる気配がないか、わからないことも少なくありません。ましてや海外とのやりとりですから、そもそも受け取ったオファーが公正な条件となっているかを判断することも難しいかもしれません。

もちろん、すぐに「〇％ディスカウントしてほしい」とカウンターオファーを出しても問題はありませんが、オファーされた条件が想定よりあまりにも厳しい場合や、相手の提示額が不当だと感じたときは、あえて**こちらからのカ**ウンターオファーで具体的な額を提示せず、たとえば仕様や購入数量を再検討したうえで、再度オファーをお願いして、**新価格を提示してもらうのも一つの手です。**

一度、こちらから金額を提示すると、その金額を最安値とした交渉になり、さらに安くできる機会を逸しかねないからです。

日本人はこうした交渉が苦手といわれています。すぐに妥協するのではなく、当初想定した条件に近づけられるように粘り強く交渉したいものです。

● 第4章 ● 海外メーカーにアプローチする

カウンターオファーの文例

Thank you very much for your quotation regarding our order #1111.

弊社注文書 No. 1111へのお見積もりをありがとうございます。

We have carefully considered your quotation, and made some market research. It seems that the price quoted is rather high.

御社のお見積もりを社内で慎重に検討し、市場調査も実施いたしましたが、御社のお見積もり価格は高いのではないかと考えております。

I would like to suggest you a counter-offer of $100 per unit. With this price we are ready to sign a contract for 10,000 units.

つきましては、弊社より1ユニット100ドルのカウンターオファーをさせていただきます。この価格であれば、10,000 ユニットの契約を結ぶ用意があります。

I hope we agree on the price and this will be the beginning of a mutually beneficial long-lasting relationship.

この価格でご同意いただき、この機会がお互いにとって有益で長いお付き合いの端緒になればと存じます。

第4章 交渉

19 契約で外してはいけないポイント

契約書がすべてということをキモに銘じる

輸入総代理ビジネスを成功させる過程において「契約」は避けて通れない関門です。その内容は権利獲得後に長く影響を及ぼすので、慎重な姿勢が必要になります。

日本では、「とりあえず話し合いで」という感覚で日頃の信頼関係や過去の実績が重視されます。

しかし、契約社会の欧米では、「契約後の話し合いのベースは契約書」と認識するのが妥当です。

契約前にできるかぎりの想像力を働かせて、思いついたことは遠慮せずに契約時の交渉の俎上に載せることです。

口頭の約束は、のちに「言った言わない」でモメる原因になります。のちにトラブルが発生したときに、問題解決の手がかりになるので、交渉時のメールのやりとりは残しておきましょう。

将来、海外メーカーに対し、契約書にないことまでやってもらいたいと思うことが出てくるかもしれません。しかし、契約書に書いていなければ、「それは合意していない」と拒否されることもしばしばです。

契約書に入れておきたい二つの条項

交渉段階では、メーカー側に販売計画を提示して、契約する地域（一般的には日本国内とする場合が多いでしょう）や、年間の目標販売数、商品の輸送方法などについて提示しながら、合意を得るべく、やりとりを続けていきます。

合意できれば、契約書にその内

● 第4章 ● 海外メーカーにアプローチする

> ## 契約書に入れておきたい二つの重要条項
>
> ❶ サンプルと同じものを納品する
> サンプルと同一の商品が送られてくるのが「当たり前」と考えがちだが、サンプル送付時には、とくに選りすぐりの商品を送っている可能性も。粗悪品を返品できるようにこの条項を入れる。
>
> ❷ 契約後は値上げをしない
> 契約後にすぐに値上げされてしまうと、輸入総代理ビジネスの根幹にかかわる可能性も。この条項を入れることで値上げに対する不安を取り除くことができ、精神衛生上もメリットが大きい。

容をまとめていくことになりますが、先方が契約書を作成した場合は、彼らにとって不利な条項が書かれないことが多いので、より慎重に内容をチェックしたうえで、以下の2点を盛り込んでもらう必要があります。

❶ サンプルと同じものを納品する

だけにあるとはかぎりません。日本市場への理解が足りず商品を日本市場向けにチューニングできない場合、メーカーが非協力的な場合など、こちら側が一方的にペナルティを課されないように、メーカー側の責任にも言及した契約を締結することが理想です。

私の経験上、こうした内容を盛り込むほうが、結果としてお互いがより真剣に取り組めるポジティブな関係になると感じています。違った見方をすれば、メーカー側が自身の責任に関する項目を快く入れてくれるのであれば、輸入総代理を使った日本での販売活動に、本気で向き合ってくれていると考えることができます。

❷ 契約後は値上げをしない

そして、想定されるトラブルに対し、その責任範囲と金銭的な負担を含めた対応も契約書に明文化しましょう。

契約時にメーカーから目標販売数を設定される場合は、未達時の対応も決めておきます。

目標販売数をクリアできなかった場合、その責任は輸入総代理側

163

第4章 交渉

20 海外メーカーとのやりとりを契約書にまとめる

合意内容が反映されているか契約書の内容を精査する

オファー、カウンターオファーを繰り返し、双方が合意に達したら、その内容を契約書という形で、輸出者と輸入総代理の権利および義務と責任を明確に規定した書面にします。

契約書に盛り込む具体的な内容は、以下のようなものです。

❶ 商品
❷ 地域
❸ 年間最低取引数量および金額
❹ 輸入総代理権の内容
❺ 手数料および支払い条件
❻ 代理店の業務
❼ 諸経費の負担
❽ 契約期間
❾ 契約の解除
❿ 紛争処理

もちろん、ここに挙げた項目だけでなく、双方で合意したことがあればすべて盛り込みましょう。

たとえば、日本国内の広告宣伝費の一部をメーカー側に負担してもらうことを交渉時に承諾してもらったのなら、その条項を契約書に盛り込みます。

契約書のドラフト（下書き）は、どちらが作ってもいいのですが、英文ですから、海外メーカー側にお願いするのが一般的でしょう。

ただし、先方に不利な条項がこっそりと抜け落ちているなんてこともあるので、しっかり内容をチェックします。

契約書の英文は読み間違いが許されませんから、よほどの自信がないかぎり、英文契約書のプロに内容を精査してもらうほうが安心です。

● 第4章 ● 海外メーカーにアプローチする

契約書（一部）の一例

AGREEMENT FOR EXCLUSVE SALES AGENCY
JAPAN & TAIWAN

1. *Introduction*. This Agreement made on __MARCH 3_ 2014 between ▇▇, Inc. with offices at ▇▇▇▇▇▇▇▇▇▇▇▇▇▇▇▇ (Principal), and ▇▇▇▇▇▇▇▇▇▇▇▇▇▇▇▇ whose offices are at ▇▇▇▇▇▇▇▇▇▇▇▇▇▇▇▇ *Japan* (Agent).

2. *Creation of Agency*. Principal appoints Agent its exclusive sales agent for the Country of __JAPAN & TAIWAN__ (the Territory) to sell ▇▇ products, designed, marketed and manufactured by Principal. Agent accepts the appointment.

3. *Date Agency Begins*. The agency shall begin on __MARCH 15__, 2014 and continue until terminated in accordance with the provisions of this Agreement.

4. *Agents Duties*. In furtherance of the agency, Agent undertakes performance of the following duties and obligations:

   - *Sales office and Showroom*. Agent will maintain at least one sales office in the Territory during the term of this Agreement and any extensions of the term Agent will maintain a sales staff sufficient to further the purposes of this Agreement.

   - *Sales Confined to Territory*. Agent will not solicit any sales outside the Territory, directly or indirectly.

   - *Sales Price*. Agent and his staff will make quotations and maintain MSRP throughout territory. MSRP in Territory will be as set forth in this agreement, Exhibit A (attached).

   - *Cost of Goods*. Wholesale pricing of goods will be as set forth in this agreement, Exhibit A (attached). Agent shall purchase product from Principle at wholesale price and Agent shall be responsible for all costs of Freight and Import Duties into territory. Wholesale cost shall be FOB Boise, Idaho.

5. *Principle's Representations*. Principle represents as follows:

   - *Sales in Territory*. Principle will not solicit orders for its ▇▇ Products in the Territory nor permit others to do so.

Principal initials ＿＿＿ Agent initials *K.T*

（契約書の全文は 250 ページ以降に掲載しています）

第4章 交渉

21 どんな手段で決済するのが便利か

3つのうちから選択するのが一般的

海外メーカーとお金をやりとりする手段として使われるのは、おもに以下の3つです。

❶ 銀行からの海外送金
❷ 郵便局からの国際送金
❸ 国際クレジットカード

たとえば、1回あたり50万円の決済額を銀行からアメリカに送る場合、50万円の日本円を米ドルに換えてから送金します。この際に、1ドルあたり1円程度の為替手数料と、送金手数料がかかります。

つまり、約4160円（1ドル＝120円としたときの為替手数料）＋約4000円（送金手数料。銀行によって異なる）＝8000～9000円くらいのコストがかかることになります。

一方、クレジットカードを使う場合は、50万円×約2％（決済手数料）＝約1万円がかかります（海外ではクレジットカードの手数料が安いケースが多い）。

いずれの決済手段にも一長一短はありますが、私はクレジットカードをおすすめしています。

ご存じのとおり、クレジットカードは利用に応じてポイントや航空会社のマイルなどが付与されます。私は航空マイルを貯めています。そのマイルを使って、海外の展示会へ行くことがあるからです。もちろん、マイルではなく、ポイントを貯めて、好きな商品などに換えるのもいいでしょう。

このほかに、一般に100万円以上の取引で利用される「信用状（L/C）」という決済手段もあります。これは貿易における決済を

● 第4章 ● 海外メーカーにアプローチする

おもな決済手段のメリット・デメリット

決済手段	メリット	デメリット
銀行からの海外送金	●電信扱いの送金なら1～4日で先方に着金する ●銀行によっては、外貨預金から送金できる場合も	●窓口に出向かないといけないことがある ●銀行によって手数料が異なる
郵便局からの国際送金	●送金金額に関係なく、手数料が2500円と安い ●一部の国では電信扱いも可。その場合は最短2～4日で振り込まれる	●着金まで1～2週間かかることもある
国際クレジットカード （VISA / MasterCard / American Express / JCB / Diners Club など）	●金融機関の窓口に出向くことなく、その場での決済が可能 ●手続きがとても簡単 ●明細書に取引記録が残るので便利	●ほとんどのクレジットカードは利用限度額が設定されており、多額の支払いに対応できないことがある ●世界中で利用できるが、アジア諸国などでは使えない場合も

円滑にするために、銀行が発行する支払い確約書のことです。詳しい説明は省きますが、輸出側の「代金を回収できるか」、輸入側の「きちんと商品が送られてくるか」という双方の不安を解消できる決済手段として広く利用されています。

ただし、「信用状」という名前のとおり、輸入ビジネスの実績や担保などを材料に、銀行などの金融機関による信用の裏付けがないと利用できませんので、将来的に視野に入れればいいでしょう。

いずれの送金手段でも発生する手数料は仕入れコストの一つです。いくらかかっているのか、きちんと把握し、商品価格への反映を検討することが大切です。

第4章 交渉

22 商品の発注から受け取りまでのプロセスを理解する

手元に届けられるまでのステップ

商品発注から受け取りまでの基本的な流れは次のようになります。

❶ 発注書によりサプライヤー（メーカー・販売者）に発注

全額前金、発注時半金、到着後半金、後払いなど支払いをどのタイミングで行うかをしっかり決めておく必要があります。

❷ 輸送・保険

国際郵便小包（EMS、航空便、船便）、国際宅配便（フェデックス、DHL、UPSなど）、航空貨物、海上貨物など、どの手段を使うか、どう保険をかけるかを決めておきます。

❸ 通関

国際郵便小包・国際宅配便では通関手続きの料金が含まれており、業者が代行してくれます。航空貨物、海上貨物を使う場合は基本的に、通関業者に通関を依頼します。通関手続きが必要な場合は、あらかじめ、「輸出入者標準コード」を取得しておくと便利です。申込用紙は、日本貿易関係手続簡易化協会（JASTPRO）のホームページ（http://www.jastpro.org/）から入手できます。

輸出入者標準コードを取得しておくと、帳票作成、貨物管理事務などの処理が効率的に行われ、通関が迅速化するなどのメリットがあります。

なお新規登録料は6600円で、3年ごとに更新します（更新料は3150円）。

❹ 受け取り・検品

商品を受け取ったら、検品を行い、破損・汚損などがないか確認

● 第4章 ● 海外メーカーにアプローチする

代表的な特恵受益国および地域

＊の国はLDC（後発開発途上国））

●アゼルバイジャン●アフガニスタン＊●アルジェリア●アルゼンチン●アルバニア●アルメニア●アンゴラ＊●アンティグア・バーブーダ●イエメン＊●イラク●イラン●インド●インドネシア●ウガンダ＊●ウクライナ●ウズベキスタン●ウルグアイ●エクアドル●エジプト●エチオピア＊●エリトリア＊●エルサルバドル●ガーナ●カーボヴェルデ●ガイアナ●カザフスタン●ガボン●カメルーン●ガンビア＊●カンボジア＊●ギニア＊●ギニアビサウ＊●キューバ●キリバス＊●キルギス●グアテマラ●クック諸島地域●グルジア●グレナダ●ケニア●コートジボワール●コスタリカ●コソボ●コモロ＊●コロンビア●コンゴ共和国●コンゴ民主共和国＊●サモア●サントメ・プリンシペ＊●ザンビア＊●シエラレオネ＊●ジブチ＊●ジャマイカ●シリア●ジンバブエ●スーダン＊●スリナム●スリランカ●スワジランド●セーシェル●赤道ギニア＊●セネガル＊●セルビア●セントクリストファー・ネーヴィス●セントビンセント●セントヘレナ及びその附属諸島地域●セントルシア●ソマリア＊●ソロモン＊●タイ●タジキスタン●タンザニア＊●チャド＊●中央アフリカ＊●中華人民共和国（香港地域及びマカオ地域を除く。）●チュニジア●チリ●ツバル＊●トーゴ＊●トケラウ諸島地域●ドミニカ●ドミニカ共和国●トルクメニスタン●トルコ●トンガ●ナイジェリア●ナミビア●ニウエ島地域●ニカラグア●ニジェール＊●ネパール＊●ハイチ＊●パキスタン●パナマ●バヌアツ＊●パプアニューギニア●パラオ●パラグアイ●バングラデシュ＊●東ティモール＊●フィジー●フィリピン●ブータン＊●ブラジル●ブルキナファソ＊●ブルンジ＊●米領サモア地域●ベトナム●ベナン＊●ベネズエラ●ベラルーシ●ベリーズ●ペルー●ボスニア・ヘルツェゴビナ●ボツワナ●ボリビア●ホンジュラス●マーシャル●マケドニア旧ユーゴスラビア共和国●マダガスカル＊●マラウイ＊●マリ＊●マレーシア●ミクロネシア●南アフリカ共和国●ミャンマー＊●メキシコ●モーリシャス●モーリタニア＊●モザンビーク＊●モルディブ●モルドバ●モロッコ●モンゴル●モンテネグロ●モントセラト地域●ヨルダン●ヨルダン川西岸及びガザ地域●ラオス＊●リビア●リベリア＊●ルワンダ＊●レソト＊●レバノン

商品を受け取るまで、❶〜❹の流れに沿って、双方でルール作りをする必要があります。

なお、途上国から成る「特恵受益国および地域」から商品を輸入する場合は、関税が無税もしくは低税率となりますが、適用を受けるには、原則として、「一般特恵制度原産地証明書」（複数ある様式のうち、基本的には「Form A」の様式による証明書を海外メーカーから入手する）を税関に提出する必要があります。

国によって特恵関税制度の適用品目が違うほか、その国が原産であるかの要件も複雑なので、詳しくは税関に問い合わせましょう。

第4章 交渉

23 発注書はシンプルを心がける

シンプルにしたほうが誤発注を減らせる

商品の輸入が正式に決まったら、海外メーカーに発注します。その際には発注書を送付します。

171ページに私が使っている発注書のサンプルを掲載していますが、注文のやりとりで食い違いが生じないように、商品発注に最低限必要な要素だけをシンプルな表組みにまとめています。

国内でのやりとりならまだしも、海外とのやりとりで誤発注が発生してしまうと、その後の返送手続きはかなり面倒ですので、極力、誤解や読み間違いが生じないように気をつけているのです。

初めての発注時は、とくに不安でしょうから先方にいろいろと伝えたいことがあるかもしれません。

しかし、**発注は契約時の条件にしたがって注文するわけですから、発注に関係のないことをあれこれ書いてしまうと、誤発注の原因になりかねません。**

それでも、もしなにか伝えたいことがあれば、商品発注書とは別

クレジットカードの情報をメールで送るのはご法度

メールで発注書をやりとりする場合は、決済用のクレジットカードの番号や有効期限などの情報をメールで知らせることはおすすめできません。これらの情報は、インターネット上で第三者に読み取られる危険を避けるため、電話やFAXなどで伝えるようにしましょう。

の用紙に書くか、メールで送るなどしたほうがいいでしょう。

発注書の文例

英文例

We would like to place an order for ○○○○○ based on your estimate dated May 15, 20XX.

Order number:	XXXXXX
Number of products ordered:	500 pieces
Unit price:	US $10.00
Total price:	US $5000.00
Shipping charge:	US $500 (as per your estimate)
Shipping method:	FedEx (as above)
Insurance premium:	US $100.00 (as above)
Date of shipment:	By December 15, 20XX
Grand total costs:	US $5600.00
Method of payment:	Credit card (VISA)

Credit card details will be sent by FAX.

日本語訳

20XX年5月15日の見積もりメールに基づき、○○○○○を注文します。

注文番号：	XXXXXX
注文数：	500個
単価：	10ドル
商品代合計：	5000ドル
送料：	500ドル（御社からの見積もりメールによる）
輸送手段：	FedEx（同上）
保険料：	100ドル（同上）
出荷日：	20XX年12月15日
合計金額：	5600ドル
支払い方法：	クレジットカード（VISA）

クレジットカードの詳細は別途FAXでお送りします。

第4章 交渉

24 インボイスの見方を知っておこう

通関や関税の支払いで必要になる重要書類

インボイスは、輸出者が輸入者に宛てて作成する、輸出入の際に必ず必要になる貨物の明細書で、税関での検査、関税の申告などで使われる重要な書類です。

通関時にはインボイスのほかに、船会社が輸出者に発行する「船荷証券（B／L）」、商品名・体積・重量が記載された「梱包明細書（パッキングリスト）」、運送証券、保険証券などが必要です。

書式はいろいろですが、基本的に英語（もしくはフランス語）で書かれ、内容はほとんど同じです。173ページのように、おおむね以下の内容が記載されています。

❶ 作成年月日・作成地
❷ 差出人の氏名・住所・電話番号
❸ 受取人の氏名・住所・電話番号
❹ 輸送手段
❺ 支払い条件
❻ 内容品の具体的な情報（品目、正味重量、数量、単価、品目ごとの総額、合計額）
❼ 内容品の原産国名、総個数、総重量
❽ 差出人の署名

インボイスに書かれた価格が関税算出の根拠に

インボイスに書かれた輸入品の価格をもとに輸入時の関税が計算されるため、メーカーに対し、価格を安く記載することを要求する人もいますが、これは脱税行為と同じです。あまりに悪質なケースでは、刑事罰の対象になることを覚えておきましょう。

● 第4章 ● 海外メーカーにアプローチする

インボイスの見方

```
                          INVOICE
                                    ❶ Date  : November 30, 20XX
                                      Place :        USA
  Sender                    Mail Item No.:
       ❷
  Abraham Lincoln                    EE 999 777 555 JP
  3000, XXXX Street
  Los Angeles, CA 90501
  USA                      Shipped Per :
      TEI +1 xxx xxx xxxx         ❹ EMS
      FAJ +1 xxx xxx xxxx   Terms of Payment
  Addressee                      ❺  FOB
       ❸                   Remarks
  Kenichi Ishizaki            ☑Commercial value
  1-1, Ginza 1-chome
  Chuo-ku, TOKYO
  100-0013, JAPAN             ☐No Commercial value
                                ☐ Gift ☐Sample ☐ Other
      TEI 03-XXXX-XXXX
      FAJ 03-XXXX-XXXX
```

Description	Net Weight Kg	Quantity	Unit Price Currency USD	Total Amount
Electronic equipment Video camera ❻	19.8kg	100	$1,500.00	$150,000.00
Total	19.8kg		F.O.B.USA	$150,000.00

❼ Number of pieces : 1
  Gross weight Kg : 19.8kg
  Country of Origin : United States of America

❽ Signature *Abraham Lincoln*

❶**作成年月日**……インボイスを作成した年月日、作成地が記入される
❷**差出人**…………差出人の正確な氏名、住所、電話番号、FAX番号などが記入される
❸**送り先**…………受取人の正確な氏名、住所、電話番号、FAX番号などが記入される
❹**輸送手段**………このインボイスではEMS（国際スピード郵便）
❺**支払い条件**……146ページで紹介した支払い条件が記入される。契約時に取り決めた支払い条件であるかを確認する
❻**内容品の記載**…内容品の数量、単価、合計額が記載される。送られてきた商品と一致しているかを確認する
❼**内容品の外装**…内容品の外装（段ボール箱など）の総個数、総重量と原産国名
❽**差出人の署名**…差出人の自筆の署名

第4章 交渉

25 商品が手元に届いてからのチェック作業

日本人と外国人では求める基準が違う

輸入手続きが完了し、商品が手元に届いてもまだ安心はできません。そのようなリスクを避けるためにも、検品はしっかりやりたいものです。輸入した商品を売るターゲットは、目の肥えた日本人のお客様なのです。

私たち日本人の品質への厳しさは世界トップクラスといわれています。たとえば、商品に少しの傷があった場合、外国人よりも日本人のほうがクレームに発展する可能性は高いでしょう。もしクレームになれば、金銭的、精神的、時間的な犠牲を払って事態の収拾をしなければいけないかもしれません。

注文した商品がちゃんと届いているとはかぎらないからです。

とくに、海外生産による低コストが大きな魅力になっている商品は要注意です。品質に対する考え方が日本人と異なる外国人によって作られた商品は、日本人の基準に照らし合わせると、品質にバラつきが多いことも少なくないから

です。

サンプルを送付するときに商品の品質にバラつきがあったら、メーカーはそのなかで最も高品質なものを選んで送ってくるはずです。

163ページで、契約書に「**サンプルと同品質のものを納品する**」という条項を入れることを強調しましたが、その条項が入ることでメーカーは、品質にバラつきがあっても高品質なものを送らなければいけなくなります。

日本人とは感覚が異なる海外

● 第4章 ● 海外メーカーにアプローチする

メーカーに契約書の段階から「つねに高品質な商品を供給してください」とプレッシャーを与えることで、納得のいく商品の供給をより確実にする効果が期待できます。

検品専門業者を使って商品チェックすることもできる

検品といっても、商品数が多く、とても一人で対処しきれない場合はどうすればいいのでしょうか。

手伝ってくれる家族がいるのなら、お願いすることもできるかもしれませんが、その可能性がなければ、アルバイトを雇うなど別の方法を考えなければいけません。

しかし、検品は初めて輸入したときに1回だけするものではなく、

商品を輸入するたびに行うことです。それを考えると、その都度、アルバイトを募集するのは大きな負担になってしまいます。

そんなときには、輸入品の検品をしてくれる専門業者を利用することは一考の価値があるでしょう。**検品業者は、アパレル検品に強い業者、機械系の商品に強い業者など、それぞれ専門分野を持っています。**

こうした検品業者に検品を依頼すると、インボイスの内容と実際に送られてきた商品が一致するかということから、こちらが求める品質の基準に満たないものがないかなどをチェックしてくれます。

検品業者に依頼することを検討

したい場合は、インターネットで「検品業者」と入力して検索するだけでもたくさんヒットするので、自分が扱う商品に強い業者を探してみましょう。

検品の結果、基準に満たない商品があれば、契約書に基づく手順で返送し、その結果をメーカーにフィードバックします。

こうしたやりとりを繰り返し、メーカーにこちらが求めているものをはっきりとわかってもらうことは、お客様からのクレームをはじめとする将来起こりうる、さまざまなトラブルを未然に防ぐことにつながります。

第4章 交渉

26 輸入総代理としてのモラル

まずは一つのビジネスを成功させることに注力しよう

輸入総代理の獲得に一度でも成功すると、そこである種の達成感が生まれ、そのとき活用したノウハウ・テクニックを使って、すでに輸入総代理を獲得した商品を軌道に乗せる前に、次の総代理獲得に動く人がいます。

しかし、こうした動きはあまり感心できません。「二兎を追う者は一兎をも得ず」ではありませんが、輸入した商品をうまく販売した経験がないまま新たに輸入総代理を獲得しても、商品を販売する段階で混乱が生じるのは目に見えています。

一つの商品に対し、独占販売権の獲得は最初の一度だけです。しかし、**そのあとのマーケティング・販売は、そのときどきの状況に合わせて変化させながら、ずっと続けなければならない**のです。

また、メーカーは輸入総代理としてのあなたの動きを期待して見ています。一定の成果が出る前に、あなたが新商材にも力を入れていることを知れば、先方の気分を害することはあっても評価を上げることにはならないでしょう。

輸入総代理の獲得は最終目標ではありません。輸入した商品を販売し、利益を上げ、「お金」という実質的な成果を目標にする必要があります。

しかし現実には独占販売権を獲得しても日本で見向きもされないまま消えていく商品が多く、大きな成功を手にするのは、ほんの一部です。

もちろん、成功の要因は商品そ

● 第4章 ● 海外メーカーにアプローチする

のものの魅力によるところが大きいのですが、第5章で述べる、マーケティングによっても大きくその成果は変わってきます。

まずは、総代理を獲得した商品によるビジネスを軌道に乗せることを考えましょう。全力を投じて、そのビジネスの成功を目指すべきです。

一定期間が経過しても、日本で成果を出せない場合は、先方との関係がギクシャクし、総代理のポジション返上を求めてくる可能性も十分あります。

ある一定の成果が出たあとで、ほかの商品の輸入総代理獲得に動いても、メーカーはそれほど嫌悪感を抱かないはずです。

それに加え、一つの商品でも輸入総代理ビジネスで成果を上げられれば、それは自分自身の自信になるだけでなく、新たな輸入総代理を獲得する際のセールスポイントになります。

総代理ビジネスで日本での販売を一手に引き受けた以上、メーカーから日本代表権を付与されているわけであり、単なる一代理店や輸入業者とは異なることを十分理解したうえで取り組むことが必要です。

メーカーは日本での反応を気にしている

です。メーカーは、「自分たちの商品が遠い日本の消費者に受け入れられているだろうか」「もっと商品をよくするためにどうすればいいか」など、日本人の反応を気にしているはずです。

日本における市場動向や販売状況などを密に報告することで、より深い信頼関係が生まれれば、こちらの意見も受け入れてもらいやすくなるなどのビジネス上のメリットも出てきます。

そもそも輸入総代理ビジネスは、海外のメーカーあってこそです。どのような関係を築くかは、そのあとのビジネスの成否に大きな影響を及ぼすので、より強固な協力体制を目指しましょう。

一度、契約を交わしたら、メーカーは大切なビジネスパートナー

お客様に対する
真摯な姿勢を忘れずに

 もう一つ、輸入総代理にとって大切なことは、お客様に対する責任です。残念ながら、お金儲けばかりを考えて、お客様に対する責任を果たせない人が一部にはいます。

 たとえば、商品に対するクレームが入ったとき、その意見を真摯に受け止め、商品の改善に役立てるのか、「そんなことで文句をいってくるなんて、モンスターカスタマーだ。どうせ一度きりの客だ。無視してしまおう」と考えるか。

 ビジネスを成功させる人は、お客様からのクレームを自社商品の改善のチャンスととらえ、よりよい商品作りに活かします。一方、お客様の声に耳を傾けない人は、いずれお客様からそっぽを向かれてしまうでしょう。

 たとえば、第2章で紹介した池松さん（40ページ）は、商品を改善していき、ついには自分で製造をしてしまったほどです。お客様に対して、「もっといい商品を販売したい」という強い思いがそこまで突き動かしています。

 このように、最終的に商品を手にする消費者に対して、真摯な態度でビジネスを進める心がまえを持ちたいものです。

 第2章で紹介した6人は、そのカタチは一様ではありませんが、

お客様に喜んでもらいたい、大切に使ってもらいたいという気持ちを持って取り組まれています。こうした気持ちは不思議と伝わるものです。

 輸入総代理ビジネスは、苛烈な競争を避けられるのでラクな面もあります。しかし、それはビジネス自体がラクということではありません。

 実際に輸入総代理になって、お客様に対して商品を販売するようになると、それまでの想像以上に強い責任感、義務感を感じるはずです。そのプレッシャーを感じながらも、お客様に対して真摯な姿勢でビジネスを進めていく姿勢を崩さないようにしたいものです。

第5章

成功のポイント!
あなたに合った
販路を作る

第5章 営業

01 未知の商品を広めるためのマーケティングを考える

マーケティングの巧拙で輸入総代理の成果は変わる

なんとか輸入総代理の権利を獲得できたとしても、商品を販売できなければ、意味がありません。販売方法はその商品の持つ特性によって変わってきますので、どのように販売するかを考える必要があります。

ここで「マーケティング」という言葉がなにを意味するかを押さえておきましょう。

1957年設立の公益社団法人日本マーケティング協会では、「マーケティング」を以下のように定義しています。

「マーケティングとは、企業およびほかの組織がグローバルな視野に立ち、顧客との相互理解を得ながら、公正な競争を通じて行う市場創造のための総合的活動」

要するに「商品が売れる仕組みを作ること」です。市場調査、広告・宣伝活動、ブランディングなど、ありとあらゆるものが含まれると考えていいでしょう。

輸入総代理ビジネスは、まだ日本では知られていない商品を売ることになるわけですから、マーケティングが重要です。

本書では、大きく「リアルマーケティング」と「ウェブマーケティング」に分けて考えていきますが、まずリアルマーケティングについて説明していきます。なお、ウェブマーケティングは、202ページ以降で説明していきます。

マーケティングは3ステップで考える

総代理を任せられた商品を流通

● 第5章 ● 成功のポイント！　あなたに合った販路を作る

マーケティング実行のための3ステップ

テストマーケティング

テストマーケティング
周りの意見を聞いたり、ヤフオク、フリマ、知り合いのお店に置かせてもらうなど、試験的に販売する

戦略・戦術の策定

マーケティング戦略・戦術の策定
どのような方法がベストか、マーケティングに投下する予算はいくらが適正かなどを検討する

実行

リアルマーケティング・ウェブマーケティング
必要に応じてブランディングすることも

させるために、マーケティングは、次の3段階で考えていきます。

❶ テストマーケティング
❷ マーケティング戦略・戦術の策定
❸ 実行

簡単に説明すると、まず❶テストマーケティングで試験販売を行い、商品がどのような人に売れるのか、いくらぐらいで売れるのかをつかみ、❷それをもとに、どのような方法でマーケティングすればいいのかを考えます。そして考えが定まったら、❸具体的に実行していきます。

この3ステップが基本の形になることを頭に入れておいてください。

181

第5章 営業

02 本格的な流通前にテストしてマーケティングの方向性を決める

テストから始めることで見えてくることがある

輸入総代理として任されたからには、商品の販路を開拓することを考えなければいけません。

しかし、**いきなり商品を販売するのではなく、テストマーケティングを行い、周囲の意見、反応を探ることをおすすめします。**

テストマーケティングとは、本格的に商品を販売するにあたり、特定の流通チャネルや地域でテスト的に行う販売活動のことです。

テストマーケティングを行うことで、商品がどのような売れ方をするのかが実感としてわかります。

たとえば、当初は20代に売れると思っていたものが、予想に反して30代によく売れるかもしれません。男性がターゲットだったのに、女性に人気になった……ということも少なくありません。

当初の想定と現実の差を知ることで、ホームページの作り方や宣伝方法、価格、場合によってはメーカーと相談して商品仕様の修正を行うなど、本格的に販売したときに、より売れるように販売戦略に変更を加えていくわけです。

ネットオークションを利用しない手はない

テストマーケティングの方法としておすすめしたいのは、国内最大のオークションサイト・ヤフオクなどのネットオークションを利用することです。

出品し、その落札の状況を確認することで、どんな年齢層・性別の人に興味を持ってもらえるのか、いくらぐらいなら反応してもらえ

● 第5章 ● 成功のポイント！　あなたに合った販路を作る

るのかが、ある程度わかってきます。

輸入総代理を獲得後に、想定したターゲットや販売価格が適正かをここで見極めることは、その後の本格的な販売に向けて大事なプロセスとなります。

たとえば、当初1万円で販売しようと思っていたものが、2万円で落札されたなら、本格的に販売する前に価格を上方修正できるかもしれません。もちろん、その逆もしかりです。入札者のプロフィールから年齢層などもうかがうことができるため、その後の販売戦略を考えるうえで大きなヒントになります。

手間も少なく、低コストでテスト販売できるうえ、そこから貴重な情報を得ることもできます。やってみて損はないので、ぜひ試してみてください。

なお、ヤフオクの利用にかかるコストは、Yahoo!プレミアム会員登録が必要になるほかは落札された場合のみ、落札額の8・64％のシステム利用料を支払うだけです。

フリーマーケットや知り合いのお店も有効

別のテストマーケティングの方法として、各地で開催されているフリーマーケットで商品を販売するのもいいでしょう。

この方法の最大のメリットは、買いにきた人と会話をしながら価格を決めるので、お客様の生の声を聞けることにあります。

どんな人が興味を持ってくれるのか、いくらなら売れそうか、どこに魅力を感じてくれているのかなど、ダイレクトに仕入れられる情報源といえます。

場合によっては、どうすればもっと売れるのか、どうして買おうと思ったのかなど、思い切って聞いてみるのも一つの手です。

そのほかの方法としては、知り合いのお店があれば、そこに置いてもらうのもいいでしょう。

やみくもに売る前に、まず様子を見て、自分の販売プランをブラッシュアップしていきましょう。

第5章 営業

03 ブランディングが強力な後押しになる商品

ブランディングが成功すれば収益は長期的に安定する

「ブランディング」は、その商品やサービス、ひいてはそれらを扱う企業の価値を向上させるマーケティング戦略の一つです。

ブランドといえば、「ルイ・ヴィトン」や「エルメス」といった高級ブランドが真っ先に思い浮かびますが、それだけではありません。誰にでも「車はトヨタ」「ビールはアサヒ」といった愛着や信頼があるブランドがあるはずです。

ブランド力という目に見えない価値を向上させ、顧客ロイヤリティを獲得できれば、認知度アップ→顧客ロイヤリティの向上→収益の継続的な安定・増加という好循環を生み出しやすくなります。

それと同時に、競合商品との差別化競争において長期にわたって優位性を確保しやすくなります。換言すれば、消費者の頭のどこかに引っかかる商品に育てられるかということです。

たとえば、「いつかはほしい」と憧れを抱いてもらえれば、安易な値引き競争にも巻き込まれにくくなります。

ルイ・ヴィトンは突如、高級ブランドになったわけではありません。高品質はもちろんのこと、日々の顧客対応など、不断の努力によってブランド力を獲得したことを忘れてはいけません。

ブランディングが必要な商品とそうでない商品

輸入総代理ビジネスにおいて、とくにブランディングが必要なのは、**ファッション関連、高級イン**

● 第5章 ● 成功のポイント！　あなたに合った販路を作る

ブランディングが必要な商品とそうでない商品

ブランディングが必要
ファッション関連、高級インテリア、高級文具、趣味系商品、デザイン性の高い商品など

所有することで高い満足度やステータスを得ることが大きな購入動機となるため、その商品がそれにふさわしいと認められるブランディングが必要

ブランディングが不要
実用品、アイデア商品、機能性商品、便利グッズ　など

生活をサポートするための商品は、ブランドイメージより実用性が大事。ブランディングは優先されない

●ホームページ例

シンプルなデザインでイメージを全面に押し出している。「こんなものを持てたら……」という欲求を喚起することに重点を置く
参考：スティームライン ラゲージ
http://www.steamlineluggage.jp/

●ホームページ例

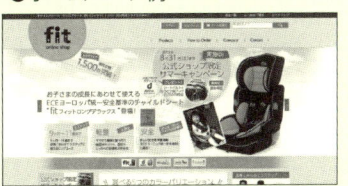

今までにない便利さや機能面などをわかりやすく伝え、ほかの商品にない優位性のアピールに重点を置く
参考：ファンキッズオンラインショップ
http://www.fit-onlineshop.com/

　上の高級スーツケースのホームページはシンプルなデザインで洗練されており、所有することによるステータス感を刺激するイメージになっています。
　一方、チャイルドシートのホームページでは機能面などをわかりやすく伝え、ほかの商品にない優位性をアピールすることに重点を置いています。こうした実用品では、実質的な部分で訴求したほうが効果的という判断に基づくものでしょう。

テリア、高級文具、趣味系商品、デザイン性の高い商品など、所有することに、高い満足度やステータスを得られることが結びついている商品群です。

185

第5章 営業

04 輸入総代理ビジネスでのリアル・ウェブマーケティング

リアルとウェブ、両方使いこなせると理想的

総代理を獲得した商品は、マーケティングを行うことで、商品について知ってもらう機会を増やす必要があります。

そのマーケティング活動は、大別すると、二つに分けられます。

❶ リアルマーケティング
❷ ウェブマーケティング

リアルマーケティングは、簡単にいえば、ヒトやモノを使って、直接顧客に商品やサービスを売り込む営業活動です。

たとえば、いわゆる「営業」がその最たるもので、それ以外にもダイレクトメール（DM）、FAXによる告知、イベント、雑誌やチラシなどへの広告出稿がこれにあたります。

リアルマーケティングというと、少しわかりづらいかもしれません。しかし、187ページに挙げた手法の一覧を見ると、売る側からお客様に売り込む「プッシュ型」のマーケティングという特徴があることがわかります。

一方のウェブマーケティングは、自社サイトでの販売、オークションへの出品などインターネットを使ったマーケティングです。

リアルマーケティングが「プッシュ型」なのに対し、ウェブマーケティングは、お客様が能動的に探して、こちら側にアプローチしてくる「プル型」のマーケティングが中心になります。

どちらが効果的かということではなく、双方を上手に使うことが輸入総代理ビジネスを成功させるために必要です。

● 第5章 ● 成功のポイント！　あなたに合った販路を作る

リアルマーケティングとウェブマーケティングのおもな手法

●リアルマーケティング

❶直接営業（飛び込み営業／電話営業／紹介を受けたところへの訪問）

❷営業委託（営業代行会社／テレマーケティング会社／フリーエージェントの活用）

❸広告掲載（ターゲットとなる雑誌／タウン誌／その他）

❹キーマンへの商品提供（業界の有力者や影響力の強い人への商品提供）

❺DMを活用した取り扱い店開拓（自力での取り組み／専門業者に依頼（リストのみ依頼するか、宛名記載作業・送付作業も含めるかの選択が可能））

❻DM活用で対象ターゲットリストへの販売アプローチ（専門業者に依頼）

❼FAX DM（専門業者によるFAXでターゲットにPR）

❽プレスリリース（代行会社に依頼。うまくいけば複数の媒体での記事化も）

❾雑誌へのアプローチ（プレゼント企画協賛など）

❿チラシ、ポスティング（直接顧客と販売店の同時獲得）

⓫展示会への出展（対象商品にふさわしい展示会への出展）

⓬販売代理店網の構築（代理店を有償で募集し、販売権を一部移譲する）

⓭フリマの活用（価格1万円くらいの商品に向く）

⓮イベント企画（ドリンクやフード付きの商品披露会を開催するなど）

⓯短期貸し店舗の活用（駅構内・1日貸し・週貸し店舗で催事を開催）

⓰ワゴンショップでの出店（週末店主なども視野に）

⓱リアル店舗の所有（週末店主なども視野に）

●ウェブマーケティング

❶自社サイトでの販売

❷オークション出品

❸ネットショップ出店（楽天、カラーミーショップなどに店舗を作る）

❹動画・ソーシャルメディア（ブログ・Facebookなど）

❺物販・アフィリエイト

❻ウェブ問屋（NETSEAなど）

第5章 営業

05 リアルマーケティング① 直接営業・営業委託

素養があるなら効果絶大の古典的手法

直接営業とは、自分の足を使って、直に顧客に出向いて売り込む、いわゆる「営業」です。輸入総代理ビジネスで取り扱うすべての商品で効果を上げることができる手法です。

小売店などに出向いたり、電話などで直接アプローチし、商品を販売してもらえるように働きかけます。**直接現場に出向くため、商品に対する反応が直に感じられる**ことや、**自ら動くことでコストがかからないのは大きなメリット**です。

一方で、営業活動を行えるエリアが限定的になります。また、直接営業は人によって得手不得手があるので、苦手な人は無理してまで行う必要はないでしょう。

営業のプロに代行してもらう

営業のプロ（専門業者・個人）に販売店の開拓を委託するのが「営業委託」です。営業に抵抗のある人でも、営業のプロに任せることで一定の成果が期待できます。委託先は「営業代行」で検索すると簡単に探すことができます。

自ら営業を行わないので、ほかの業務をこなす時間が取れることや、営業活動での精神的ストレスから解放されるメリットがありますが、コストが高くつくのがデメリットです。

営業代行会社はたくさんあるので、複数の会社に打診して、販路開拓にコミットしてくれるところを選定することが大切です。

第5章　成功のポイント！　あなたに合った販路を作る

直接営業と営業委託のメリット・デメリット

直接営業

メリット
自分自身で営業するため、コストが抑えられる。また、自分の目で対象となる小売店などを見極められたり実際の反応を確認できるよさもある。

デメリット
飛び込み営業にしても電話営業にしても、訪問前提の営業であるため、自分が住んでいる地域周辺を対象にした営業になってしまう。その日の気分のムラ、ぞんざいな扱いをされた場合の心理的抵抗などがともなう。苦手な人は無理にやらなくてもいい。

営業委託

メリット
営業のプロ（業者・個人）に販売店開拓を委託することで、一定の成果を速やかに得ることが期待できる。精神的な消耗が少なく、取引先確保の目標が達成されやすい。

デメリット
コストが高くつく。こちらの希望どおりに営業活動を行ってくれているかを監視することはできないので、何社かと面談を行い、信頼できそうなところを目利きすることが必要になる。

メリット・デメリットを勘案して導入するかどうかを検討する

第5章 営業

06 リアルマーケティング② 雑誌などに広告を掲載する

高コストは難点だが、爆発的な効果を生むことも

広告掲載もすべての商品ジャンルで効果が期待できます。

自分が取り扱う商品に関係する雑誌やタウン誌や新聞などへ広告を出すことは、多くの人に商品を知ってもらえる最短ルートといえます。

たとえば、旅行用スーツケースの人気ブランド「グローブ・トロッター」は、男性向けグッズ情報誌に広告を出してから人気に火がついたともいわれています。

モノとファッションにこだわり抜いた老舗雑誌の読者層と、イギリス製ハンドメイドという商品のキャラクターがマッチしたのでしょう。

多くの人の目に触れるという意味では、雑誌とともに新聞やタウン誌も利用価値が高いといえます。

その分、掲載料が高いのが難点です。媒体にもよりますが、発行部数が多い人気の雑誌では、1ページカラー掲載で百万円単位、1/3ページで数十万円の掲載料がかかることもあります。

出稿したら効果の有無に関係なく高額なコストがかかりますから、その媒体の広告ページが自分の商品に合っているか慎重に検討する必要があります。

雑誌への広告出稿はどのように行うのか

では、雑誌などにはどのようにして出稿すればいいのでしょうか。

ほとんどの雑誌では、「雑誌名＋媒体資料」で検索すると、各出版社作成の広告料金が掲載された

● 第5章 ● 成功のポイント！　あなたに合った販路を作る

雑誌への広告出稿の流れ

広告計画を検討（どの媒体に、いつ、いくらで、など）

↓

出版社、広告代理店へコンタクト

↓

掲載料の見積もり、打ち合わせ

↓

広告出稿の決定、出稿の申し込み

↓

制作（取材、原稿作成、校正など）

↓

掲載

広告を出しても必ず効果があるとはかぎらないが、出稿する媒体と好相性なら予想以上の効果になることも

媒体資料（PDF形式のものが多い）を見つけられます。そこに広告料金と問い合わせ先が記載されているのでコンタクトを取ってみましょう。広告を掲載するスペースに対する対価である広告掲載料のほかに、紙面を作る制作料がかかります。

広告掲載の金額や内容に関する交渉は、広告代理店と行うのが一般的です。広告代理店に直接、広告出稿を依頼することもできます。「雑誌名＋広告代理店」で検索すると、その雑誌を取り扱っている広告代理店が見つかるので、そこにコンタクトを取ってみるのも一つの手です。

第5章 営業

07 リアルマーケティング③ 有名人に商品提供を行う

知名度の大幅アップを狙う

もし取り扱う商品が高級品やブランド性が高いものであれば、影響力の大きい有名人（キーマン）に商品を提供して、実際に使ってもらうという方法もあります。

たとえば、日本のバッグブランド「サマンサタバサ」やイタリアの時計ブランド「ガガミラノ」などは、影響力のあるセレブを広告に起用したり、商品を使ってもらうことで知名度を上げ、ブランディングに成功したことで知られています。

サマンサタバサは、有名ファッションモデルであるミランダ・カーを起用したテレビCMを流しています。彼女は日本のファッション誌でもおなじみで、世代を問わず女性人気が高いことで知られています。

こうしたカリスマ性のある人物に商品を持ってもらうことで、商品のステータスや魅力をアップさせる効果を期待しているわけです。

ファッション系商品や嗜好性商品、楽器やスポーツ用品などは、誰が持っているのか、誰が使っているのかによってイメージが作られていく面があります。

キーマンに対して、商品を進呈して使ってもらうことができれば、ブランディングや認知の面での効果は絶大です。

ステルスマーケティングにはご注意を

有名人に使ってもらうことの宣伝効果はバツグンですが、消費者に宣伝と気付かれないように宣伝

● 第5章 ● 成功のポイント！　あなたに合った販路を作る

キーマンを広告に起用したり、商品提供している例

サマンサタバサ（バッグ）
ビヨンセ（歌手）
マリア・シャラポワ（テニス選手）
道端ジェシカ（モデル）

アディダス（スポーツ用品）
リオネル・メッシ（サッカー選手）
香川真司（サッカー選手）
内田篤人（サッカー選手）

ガガミラノ（時計）
本田圭介（サッカー選手）
宇佐美貴史（サッカー選手）

ヤマハ（楽器）
Char（ミュージシャン）
ブライアン・メイ（ミュージシャン）

ウブロ（時計）
香川真司（サッカー選手）

ポリス（サングラス）
ATSUSHI（ミュージシャン）

ファッション系商品や嗜好性商品、楽器やスポーツ用品などは、誰が使っているかでイメージが作られていく面がある。難易度が高いのは間違いないが、今後のブランディングや認知の面での効果は計り知れないので挑戦してみる価値はある

これは、影響力のあるブロガーが報酬を得ていることを明示せずに、客観的であることを装ってブログ記事を執筆したり、第三者的な立場であることを装って、特定の企業や製品について高い評価を付けたりする手法のことで、「ステマ」とも呼ばれます。

消費者の誤解を生むおそれがあるため、海外ではこうした手法が認められていない国もあるほどです。日本でも「景品表示法」などに抵触するおそれがあり、ステマとわかれば、ブランドイメージを大きく毀損するので、こうした手法は避けるのが無難です。

行為をする「ステルスマーケティング」には注意が必要です。

第5章 営業

08 リアルマーケティング④ DMを使って販売店を開拓する

送付先を探すのはiタウンページが便利

ダイレクトメール（DM）は、いわば紙の営業マンといえるでしょう。DMの反応率は一般に3％などといわれることもありますが、新規顧客の開拓を目的とした場合の私の実感としては0・1％程度です。漫然と送るだけでは効果は上がらないので、それなりの工夫が必要になります。商品の魅力を伝える内容物を作成し、ターゲットとなる販売店候補のお店に送付するわけですが、そのターゲット探しは、「iタウンページ」（http://itp.ne.jp/）を利用すると便利です。iタウンページでは、エリアや業種からさまざまなお店を探せるので、それをリストアップし、DMを送付します。

ちなみに、1通あたりのコストの目安としては、封筒代、内容物印刷費、郵送費なども含めて100〜150円程度で収めるのが理想です。

ハガキサイズだと情報量が少なく、封筒だと一度開封する手間が増えるというように、ハガキか封筒かは一長一短です。送付ターゲットの気持ちになり、どちらがより印象的なDMになるか想像力を働かせましょう。

クロネコのDMサービスは検討する価値アリ

ヤマト・ホールディングスのグループ会社ヤマトシステム開発が提供する「クロネコ販促アプローチ」（http://www.nekonet.co.jp/service/it/dm.html）は、DMの

● 第5章 ● 成功のポイント！　あなたに合った販路を作る

「クロネコ販促アプローチ」の概要

＜サービス内容＞

540万件超の企業リストから、「地域」「業種」「売上高」など、細かい絞り込み機能を使ってターゲットリストを作成。FAX、オンデマンドDM便、メール、オペレーターコールの配信手段を選んでターゲットにアプローチする

＜料金体系＞

企業リスト （540万件超の 企業リスト）	レンタル	10円	会社名、住所（町名まで）の表示
	購入	15円	会社名、住所、TELの表示

販促手段	FAX	24円／枚
	メール	2円／通
	オンデマンドDM便	問い合わせ
	音声	35円／30秒
	オペレーター	問い合わせ

月額ミニマム料金	3000円

　送付ターゲットを抽出し、DM便、FAX、メール、オペレーターによる電話の4つの手段でターゲットにアプローチできるサービスです。もちろん、発送も代行してもらえます。

　かりにA4サイズのDMを送付する場合、そのデザインを用意さえすれば、印刷代、宛名印字代、送料を含めても、1通あたり約100円ほどでDMを送付することが可能です。

　自分ですべてを行うばかりでなく、多少のお金を使ってでも、こうしたすぐれた外部サービスを利用したほうが効果が上がることは少なくありません。

第5章 営業

09 リアルマーケティング⑤ プレスリリースでアプローチ

雑誌やテレビなどに新商品を知ってもらう

プレスリリースとは、企業が新製品を発売する際などに、雑誌、テレビ、新聞などのメディアに対し、対外的に発表する広報のこと。プレスリリースをきっかけに各メディアに取り上げられれば、大きな販促効果が期待できます。

190ページで紹介した広告出稿とは異なり、メディアが興味を持ってくれれば、無料で商品写真・記事を掲載してもらえるので、

ターゲットになりそうなメディアには、プレスリリースを出してみることをおすすめします。

たとえば、私のセミナー受講生の一人は、ある雑誌に取り上げられたことで大きく知名度を上げることに成功しました。そのきっかけは、雑誌を発行する出版社に送った1枚のプレスリリースでした。

メディアはつねに新しい情報を探していますが、自分たちだけでカバーするのは限度があるので、さまざまなところから送られてく

るプレスリリースを情報源として活用しているのです。

雑誌によっては読者へのプレゼント商品を探しますが、商品と雑誌などもありますが、商品と雑誌に親和性があれば、商品を提供することで雑誌に取り上げてもらえることもあります。

プレスリリース専門会社に任せる方法もある

プレスリリース代行会社に配信を依頼することで、多くの媒体に対して効率よく商品のPRを行う

● 第 5 章 ● 成功のポイント！ あなたに合った販路を作る

プレスリリース配信サービス「PR TIMES」を利用する

● PR TIMES　http://prtimes.jp/

● 配信先　テレビ局、ウェブサイト、新聞社、出版社、ニュースアプリ、ラジオ局など1万2000超の媒体から最大300媒体

● 料金プラン
【従量課金プラン】　1配信　　　3万円
【定額プラン】　　　月契約　　　8万円／月
　　　　　　　　　　半年間契約　7.5万円／月
　　　　　　　　　　年間契約　　7万円／月

PR配信国内大手の「PR TIMES (http://prtimes.jp/)」では、1配信3万円〜の料金でさまざまな媒体にプレスリリースを配信してくれます。

世のなかにはプレスリリースが氾濫しているので、商品が魅力的であることはもちろんですが、プレスリリース自体も読んでもらえる魅力を備えている必要があります。経験がないとプレスリリースを作るのは簡単ではありませんが、同社では原稿作成の代行も行っています（原稿作成3万円／回）。資金に余裕があれば、原稿作成から配信まで、すべてを任せるのも一つの手です。

第5章 営業

10 リアルマーケティング⑥ 展示会に出展する

コストはかかるが大きなチャンスになることも

展示会への出展は全ジャンルの商品でおすすめできる手段です。展示会は都内を中心に各地で行われていますが、それらの情報は、日本のみならず世界の見本市・展示会情報を一覧できるジェトロ（日本貿易振興機構）の見本市・展示会データベース「J-messe」で収集するのが便利です。

取り扱う商品にマッチした展示会に出展すれば、新しい商品を求めるバイヤーとの出会いの場となり、輸入総代理ビジネスに大きな弾みをつけるきっかけにできるのです。

小さな会社が展示会をきっかけに躍進した例は少なくありません。商品次第では、大手百貨店がオファーしてくることも夢ではありません。展示会への出展をマーケティング活動の中心に据えている会社も多いのです。

出展する際には、「予算管理」とともに、「制作（ブースの制作・演出、配布物の作成）」、開催期間中の「進行（来場者への対応など）」を考える必要があります。

展示会に参加したことがないとイメージしづらいので、出展前に一度は展示会に参加し、なにが必要なのかを来場者目線で探ってみると参考になります。

基本的に来場者は、一つのブースに多くの時間を割くより、たくさん見て回りたいと思っているので、展示物は説明がなくてもわかりやすいものがいいでしょう。また、興味を持ってくれた人は、ほかの商品もたくさん見ていて、自

● 第5章 ● 成功のポイント！　あなたに合った販路を作る

展示会がどこで行われているのかチェックしよう

● J-Net21　http://j-net21.smrj.go.jp/watch/eventcalender/

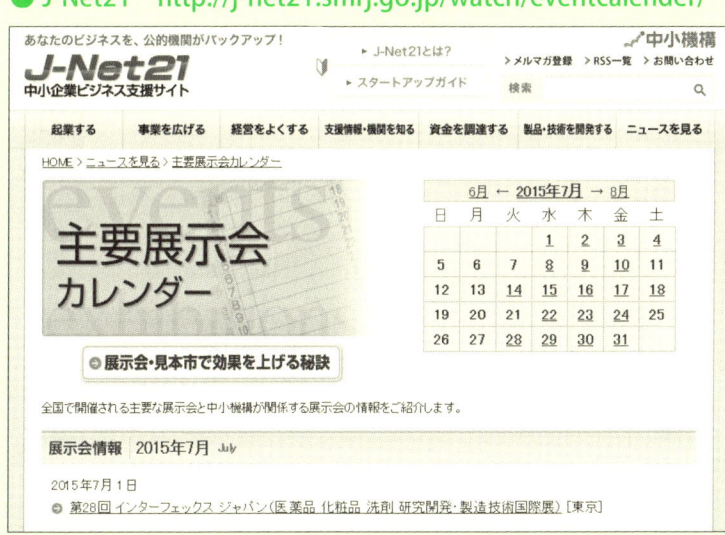

中小企業基盤整備機構が運営するポータルサイト
「J-Net21」も展示会情報の宝庫。
全国で開催される主要な展示会を網羅している

分たちの商品を覚えているとはかぎりませんので、展示会後のフォローを考えておく必要があります。開催当日、開催後の対応で、結果は大きく変わってきますので、開催中だけでなく、その前後でも綿密な準備をすることが大切です。

ただし、展示会の出展はコストが高くつきます。一般的な展示会では最小ブースに出展するだけでも35万円程度、展示物やブースの装飾にも費用がかかります。準備段階からシミュレートして、無駄を省く努力をすることが必要です。もし継続して展示会に出展するなら、何度も使える展示会什器の購入を検討してみるのもいいかもしれません。

第5章 営業

11 リアルマーケティング⑦ さまざまな場がチャンスになる

イベントを企画したり、短期貸し店舗を活用する

便利な商品、特許商品、生活を向上させるような商品や、高級品、嗜好性の高い商品の総代理を獲得した場合に、その商品の披露や予約販売、即売などを兼ねて、各種イベントなどの催事を企画し、販売することも一つの手段です。

催事は自社・自店・自宅・知り合いのお店・貸しスペースなどで行うほか、催事の専門業者を通じて行うこともできます。

このほかには、1日だけ、1週間だけといった期間限定でショップを出店できるサービスを利用するのも一つの方法です。

実際に店舗を出すとなると、かなりの額の初期投資が必要になりますが、こうしたサービスを利用すれば、少ないコストで、お客様の反応を実感しながらテスト販売することができます。

また、便利商品、特許商品、生活向上商品などは、ワゴンショップを利用するのもいいでしょう。

リアル店舗はバランス次第

「クロックス（Crocs）」は、日本に入ってきた当初、ワゴンショップで販売していたといいます。それをきっかけに人気になり、今では日本全国で販売される商品になったのです。

これまでに紹介したのは、それほど大きな初期投資を必要としない方法ですが、モノを売る仕事をするからには、最終的には自分の店舗を持ちたいという人もいるは

● 第5章 ● 成功のポイント！　あなたに合った販路を作る

ずです。自分の好きな商品を思いのままにディスプレイし、顧客と対話しながら販売することは、多くの人脈やチャンスが舞い込むといったメリットもあります。

理想は路面に出店することですが家賃が高くなるので、事務所使用もできるマンションなどを活用し、コストを抑えてショップを構えることも可能です。

ただし、店舗を構えれば家賃や光熱費、スタッフを雇えば人件費と、相応の固定費がかかってきます。

これらのコストとメリットのバランス次第です。当初は資金をかけられないことが多いでしょうから、まずは無店舗で始めて、軌道に乗ったら店舗を考えましょう。

交流会やセミナーは人との出会いがあってこそ

たった一人との出会いから、ビジネスが生まれ、人生が変わっていくことがあります。

そうした出会いがある異業種交流会やセミナーへの参加は、その質を見極めることが重要です。なかにはただ高いだけで中身がない、主催者のお金儲け目的のものも少なくありませんので、主催者やセミナー講師についてしっかり調べる必要があります。

実際のところ、ほとんどの異業種交流会は、雑談の場と化していて仲良しクラブになっていますが、本当にうれしいものです。

ビジネス最優先の参加者が集う交流会なら参加を考えてみる価値はあります。

興味のある人は、「ＢＮＩ (http://www.bni.jp/) 」のようなサイトを利用してもいいでしょう。高額セミナーには、意識の高い人、すでにビジネスで成功している人が学びにきているケースも多いので、ノウハウの獲得にとどまらず、人脈作りの場としても期待できる面があります。

私も高額の部類に入るセミナーを開催していますが、セミナーをきっかけに出会った人たちが協力し合い、それぞれのビジネスを大きく飛躍させている姿を見るのは本当にうれしいものです。

201

第5章 営業

12 ウェブで扱いやすい商品とそうでない商品を見極める

商品によって向き不向きがある

ウェブを使ったマーケティング活動は、当然無視することはできませんが、ウェブさえうまく使えれば十分な成果が出ると考えるのではなく、世界中の誰にでも商品やサービスを届けられる、マーケティング手段の一つと割り切ることが大切です。

ウェブマーケティングには、向く商品と向かない商品があります。

まず、ウェブ上で手がけやすいものは、検索されやすいものです。たとえば、一般に商品名が知られたものや、ブランドものなどです。

また、検索されるキーワードが明確なものもウェブによるマーケティングが有効です。具体的には、多くの人が悩んでいる身体的なコンプレックスを解決する商品や、「あったらいいな」に貢献する商品、そのほか趣味系、マニアックなものなど、店頭では買いにくい商品などもウェブの力を利用しやすい商品といえます。

一方、ウェブで手がけにくいものは、知名度が高くない高額商品や無名のブランド商品です。その ブランド名で検索されにくいうえ、消費者が購入に至るまでに、心理的な障壁が高くなりすぎるからです。

また、ジャンル自体が目新しい商品など、検索されるキーワードが不明確な商品も向きません。

いずれにしろ、ウェブは万能ではありませんので、リアルマーケティングとの相互補完的な効果を狙いながら活用していくことが求められます。

● 第5章 ● 成功のポイント！　あなたに合った販路を作る

ウェブ上で手がけやすい商品とそうでない商品

ウェブ上で手がけやすいもの
- 有名商品、ブランドものなどの知名度のある商品
- 検索されるキーワードが明確な商品（目的が明確なもの）
　例：ソファー、郵便ポスト、チャイルドシートなど
- コンプレックス解消、問題解決など、「あったらいいなワード」にかかわる商品
　例：バストアップ サプリメント、子ども向け英会話教材など
- 趣味、マニアック、リアルでは買いにくさのある商品
　例：アダルト関連商品、その商品を販売しているリアル店舗が少ない商品など

ウェブ上で手がけにくいもの
- 知名度がない高額商品
　▶ ブランド名などの認知度が低ければ、誰にも検索されず、ネット上で商品を見つけてもらえる可能性が低く、購入までのハードルも高い
- ジャンル自体が新しい商品
　▶ 検索ワードがはっきりしないため、ネット上で商品を見つけてもらえる可能性が低い

> ウェブは万能ではないことを理解したうえで
> リアル活動の補足的役割として活用するのか、
> 中心的な販売の場として活用するのかを精査する

第5章 営業

13 ウェブマーケティング① ネットモールを使って販売する

大手ネットモールという選択肢

「楽天市場」「Amazon」「Yahoo!ショッピング」などネットモールでの販売も一つの方法です。

ネットモールを利用すると、205ページの表のように、初期費用のほか、月額利用料、システム利用料などの費用がかかります。

また、販売する商品に類似品がなければ別ですが、同様の商品を扱うライバル店舗があれば、お客様はネットモールの検索機能を使い、簡単により安い商品を見つけます。そのため、つねに類似品との価格競争に巻き込まれ、価格に下落圧力がかかり続けるのが宿命です。

その結果、想定より薄利になりやすいのです。**その点では一つ売っても利益が少ししか出せない薄利商品は、ネットモールで販売するのに向きません。**

また、知名度が低い超高額商品も不向きです。ネットモールと相性がいいのは、すでに購入したことがある商品のリピートや、実物を見なくても、どんな商品かの想像がつきやすい、それほど高価ではない商品です。

知名度のない高額商品は実物を手にして店員からの説明を受けて納得してからでないと購入しづらいため、ネットモール向きとはいえません。

出店前に一度、冷静に計算してみよう

ネットモールを利用するかどうか迷う場合は、商品をどれだけ販

● 第5章 ● 成功のポイント！　あなたに合った販路を作る

「楽天市場」の費用例

楽天市場「がんばれ！プラン」（初心者向けの低コストプラン）

初期登録費用	6万円
出店料	月額1万9500円（年間一括払い）
システム利用料（PC）	パソコン経由月間売上高の3.5～6.5%
システム利用料（モバイル）	モバイル経由月間売上高の4.0～7.0%
登録可能商品数	5000商品
画像容量	500MB

【1年間にかかるコスト】

- 初期登録費用 …………… 6万円
- 出店料 ……… （一括払い）1万9500円×12カ月
　　　　　　　　　　　　　　　＝23万4000円
- システム利用料
　（売上が月50万円で売上比率がPC70％、モバイル30％の場合）
　　　　　　　　　　　（35万円×6.5％＋15万円×7.0％）
　　　　　　　　　　　×12カ月＝39万9000円

69万3000円

売れば損益が均衡するかを簡単に試算してみてください。販売手数料を差し引いた商品一つあたりの粗利益が、毎月の固定コストを上回るのに、どれだけの販売数が必要か把握するわけです。

もし、そこで必要になる販売数が想定より著しく多くなるなら出店は控えたほうがいいでしょう。

とはいえ、たくさん売れればいいというものではありません。大量の注文が来て、発送や入金確認などに忙殺されれば、ほかのことに手が付かなくなりますし、人手が足りずに発送が遅れてしまえば、お店の信用にかかわります。

自分なりの想定をもとに慎重に判断してください。

第5章 営業

14 ウェブマーケティング② 楽天とAmazonの違い

Amazonは楽天に比べて販売手数料が高い

国内の2大ショッピングサイト「楽天市場」と「Amazon」の大きな違いを一言で表現すれば、楽天市場は店舗を運営する「出店」、Amazonは商品の「出品」というイメージになります。

205ページで楽天市場の費用について述べましたが、Amazonは、「小口出品」と「大口出品」という二つの料金プランがあります。ここでは、販売者向けの「大口出品」で手数料を見ていきます。

料金体系は楽天より簡単です。

月額4900円の登録料＋商品代金の総額（配送料、またはギフト包装料を含む）に商品カテゴリーで異なる販売手数料率（8～20％）をかけた額が販売手数料になります。

たとえば、5万円のカメラ（送料500円、手数料率8％）を1カ月に100点販売した場合、月間登録料との合計で販売手数料は40万8900円になります。

初期費用は安いですが、楽天に比べ手数料率が高いのが特徴です。

Amazonは簡単に出品できるのでラク

出店、出品する際の簡単さは、Amazonに軍配が上がります。未経験者でも1日、2日で商品を販売できるほどです。

一方、楽天市場は複雑で、初心者は理解するのも、出店するのにも時間を要します。

また楽天市場の出店料が年間一括払い（がんばれ！プランの場合）なのに対し、Amazonは1カ

206

● 第5章 ● 成功のポイント！　あなたに合った販路を作る

「Amazon」の費用例（大口出品の場合）

初期登録費用	0円
月間登録料	4900円（毎月払い）
販売手数料率（PC）	8.0〜20.0%
販売手数料率（モバイル）	8.0〜20.0%
登録可能商品数	無制限
画像容量	無制限

【1年間にかかるコスト】

- 初期登録費用・・・・・・・・・・・・・・　0円
- 月間登録料・・・・・（毎月払い）4900円×12カ月＝5万8800円
- 販売手数料
  （販売手数料率15.0%のペット用品の商品代金総額が月50万円の場合）
  ・・・・・・・・・・・・　（50万円×15.0%）×12カ月＝90万円

95万8800円

Amazonは月間登録料が安いが販売手数料が高い。
売上金額が大きくなるとコスト負担が重くなる

入金サイクルが短いAmazon

月ごとの契約のため、お試しで出品しやすく、初心者には使い勝手がいいといえます。

また、どれくらいのタイミング、頻度で売上金が入金されるかも重要なポイントです。Amazonは14日周期ですが、楽天市場は決済方法によって異なるものの、大部分の決済手段であるクレジットカード払いされた場合の入金は、11日〜25日分の売上が翌月の25日、26日〜10日分が翌月10日です。つまり、入金サイクルが長いため、資金繰り面での心配がAmazonに比べて大きくなっています。

第5章 営業

15 ウェブマーケティング③ ウェブ問屋を利用する

ウェブ問屋で露出し、小売店に取り扱ってもらう

ウェブ問屋とは、取り扱い商品を探したいと考えているネットショップやリアルショップが、販売するための商品をウェブ上から選んで仕入れることができる問屋のような機能を持ったサイトのことです。

このウェブ問屋に商品を出品することで、広く販売してもらうことを目指します。

ウェブ問屋は、209ページに挙げたように、さまざまなものがありますが、個人では出展できない場合もあるので、各問屋の特徴を比較し、判断することが必要です。

たとえば、国内最大級のウェブ問屋である「NETSEA（ネットシー）」の場合、プランによっては、入会金・月会費0円で、販売手数料のみで出展できます。ただし、販売金額の9～11％の成約手数料が発生します。

商品を仕入れたいと考える小売店が取引を申請してきますが、取引をしたくない場合は拒否することも可能です。

ただし、NETSEAは業歴が1年未満だと個人・法人ともに出展できないという制限があります。

BtoBの卸サイト「スーパーデリバリー」は、初期費用はありませんが、基本料金が月4万円、取引成立時にはシステム利用料と取引成立金額の10％を支払います。

個人・法人ともに審査があります が、NETSEAのように業歴による制限はありません。

このように、各ウェブ問屋で取

● 第5章 ● 成功のポイント！　あなたに合った販路を作る

おもなウェブ問屋

●NETSEA（ネッシー）　http://www.netsea.jp
業歴1年未満の個人事業主、法人の出展不可

●楽天B2B　http://b2b.rakuten.co.jp
個人事業主の出展不可

●らくらく仕入市場　http://www.btob-market.com

●スーパーデリバリー　http://www.superdelivery.com

●イチオクネット　http://www.ichioku.net/shop/
アパレル系商品専門

引条件が異なるので、よく調べてから申し込みましょう。

また、アパレルや食材に強いなど、ある分野に特化した専門性の高いウェブ問屋もあるので、自分の扱う商品と親和性の高いウェブ問屋を探すのも一つの手です。

ウェブ問屋を利用して、継続的に販売してくれる店舗を見つけることができれば、輸入総代理ビジネスを行ううえで大きな力になるかもしれません。

あまりコストをかけたくないなら、初期費用がかからないウェブ問屋を利用して、どんな業者が取引を申し込んでくるのか、どのくらいの引き合いがあるのかを探ることから始めるのもいいでしょう。

第5章 営業

16 商品紹介を行うウェブページは必ず作る

ウェブページの3つの方向性

輸入総代理を獲得したら、どんなジャンルの商品であってもウェブサイトは必ず作りましょう。

そのサイトで販売しなくても、商品の詳細や会社概要など必要な情報を載せておくのです。

私の場合は、取り扱う商品の性格によって、ウェブサイトを以下の3種類に方向付けしています。

・ブランド訴求型
・販売優位型

・ハイブリッド型

比較的高額な商品の場合は、「ブランド訴求型」のウェブサイトを作ります。

「ブランド訴求型」は、写真・画像などをうまく使って視覚に訴えて、認知・好感を上げるブランディングを主眼に置いたウェブサイトです。

そのページを見た人に直接的に購入してもらうことよりも、ブランド力向上に力点を置いたウェブページといえます。

その商品を持つことによるステータスや、その商品のイメージに対する好感から消費行動に結びつけようとするものです。

こうしたウェブページは、直接ネットで販売しづらい高額商品などに向いています。ウェブページを見て、即購入するのを期待するのではなく、まずは、店頭に実物を見にきてもらいたいときなどに、この方向性でウェブページを作成します。

一方、「販売優位型」は、利便性や経済性などをストレートに訴えることで、「買わなきゃ損」と

● 第5章 ● 成功のポイント！　あなたに合った販路を作る

ウェブページのタイプ

ブランド訴求型

言葉による表現を抑制し、シンプルなデザインと美しい写真を使って視覚に訴えることで、欲求を喚起することに重点を置いている

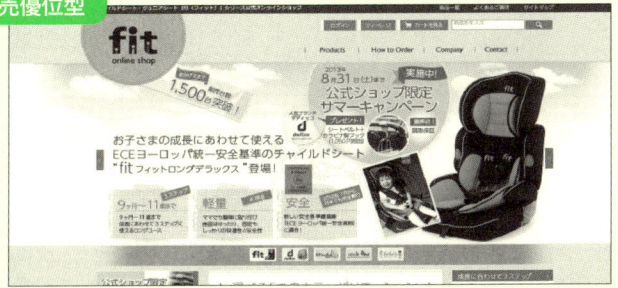

販売優位型

今までにない便利さなどの機能面や経済性をわかりやすく伝え、ほかの商品にない優位性をアピールし、「買わなきゃ損」と思わせるようなウェブページにする

直接的な消費行動に結びつけようとするウェブサイトです。

一般的な商品より安いことが売りの場合は価格を強調しますし、すぐれた機能がある場合は、その部分を強調したウェブページにします。視覚に訴える「ブランド訴求型」に対し、写真を使いつつ、より言葉で説明していきます。これは便利商品、アイデア商品などに向いた手法です。

「ハイブリッド型」は、この両者を折衷したタイプです。

ウェブサイトは大きな役割を果たしますが、商品イメージと合っていないと、逆効果になるおそれもあります。イメージに合うタイプを見極めましょう。

211

第5章 営業

17 SEOとリスティング広告を上手に利用する

放っているだけでは人はやってこない

ウェブページを開設しても、訪問してくる人はすぐには増えません。

そこで、グーグルやヤフーといった検索エンジンで検索されたときに、自分のウェブページができるだけ上位に表示されるようにする「SEO（検索エンジン最適化）」や、検索結果とともに表示される「リスティング広告」などで集客するのが一般的です。

ちなみに、SEOは、近年、素人レベルでは難しくなっているため、信頼できるプロに任せたほうがいいでしょう。どのSEO業者に任せたらいいのか、すぐに判断することは難しいので、信頼できる業者を人から紹介してもらうことも一つの手です。

始めるときのハードルが低いリスティング広告

リスティング広告は、少額予算でも短期間で効果が見込める魅力的なウェブ上の広告手段です。

自分なりに予算を決めて広告を表示させることができるので、広告経験のない人でも、それほど大きな負担なく始められるのがメリットです。

SEOは、検索結果の1ページ目に表示させるためには多くの時間と労力、コストを要しますが、リスティング広告は、お金を出しさえすれば検索結果の上部に表示させることができ、設定にもそれほど時間がかからないため即効性があります。

リスティング広告は、表示され

SEOとリスティング広告の違い

	SEO	リスティング広告
即効性	効果が出るまで数カ月かかることもある	最短で即日、検索結果に広告を出すことができる
キーワード数	一つのページに対して数個が限界	1000個以上のキーワードで広告出稿が可能
裁量性	基本的に操作はできず、表示順位を上位にするのは運頼みの面もある	入札価格によって広告の表示順位を操作できる
料金	競合が多いキーワードだと高額になる	クリックされた分のみの料金がかかる。予算内での運用もできる

た広告がクリックされると料金が発生します。広告料金は、広告主が自由に設定した入札価格と広告の品質をもとに決定されます。

入札価格は予算に合わせて自由に決められますが、一般的には検索される回数の多い人気キーワードほど、最低入札価格が高くなります。

あるキーワードに複数の入札があった場合は、「入札価格」×「広告の品質（クリック率など）」によって導き出される「広告ランク」で広告の表示順位が決まり、その上位から順に表示されます。

予算に合わせた広告が打てるうえ、即効性も期待できるリスティング広告を上手に活用することで、

効率的に商品の存在を広めていきましょう。

そこで商品の改善点のヒントをもらったり、それまで自分では気付いていなかった商品の魅力が見えてくることもあります。

そして、SNSは興味を持ってくれた人が情報を拡散させるのが特徴です。閲覧者がその閲覧者とつながる人たちに情報を拡散することで、想像以上の反響を生み出すこともあります。

こうした無料で行えることだけでなく、フェイスブック内に広告を表示させる「フェイスブック広告」も利用価値が高まっています。フェイスブック広告は、どんな人に広告を表示させたいのか、年齢、性別はもちろんのこと、趣味や関心などの属性によっても細かくターゲティングできるので、より高い効果が期待できます。広告を見た人の数や、広告によってアクションを起こした人の数などの情報を受け取ることができ、広告効果のチェックも簡単です。

広告料金は、リスティング広告と同様に、広告主が自由に予算を設定できるので、手軽に試してみることができます。

詳しいことはフェイスブックをビジネスで活用したい人のためのページ「facebook for business (https://www.facebook.com/business/products/ads)」を参考にしてください。

SNSでも広告できる

また近年、フェイスブックやツイッターなどのSNSによるPRの重要性が増しています。

無料で簡単にアカウントを開設できるうえ、消費者と直接コミュニケーションを取れるのが大きなメリットです。

自社のフェイスブックページを開設して、そこに製品写真をアップすれば、興味を持ってくれた閲覧者からコメントが届くかもしれません。そのような生の声は貴重です。

第6章

輸入総代理をカタチにしていくためのアドバイス

第6章 助言

01 輸入にまつわるトラブル

事前に税関に相談することができる

輸入総代理ビジネスに乗り出し、海外との直接取引が始まると、商品のサイズ違い、破損などのトラブルがつきものですが、基本的に自力で解決しなければいけません。

こうしたトラブルを見越して、契約書を作る必要がありますが、作成時に、すべてのトラブルを想定できるとはかぎりません。もしトラブルが起こった場合は、海外メーカーに対し、いいたいことをしっかり伝えることが大切です。

一般的な輸入手続きなどに関する問い合わせ・相談をしたい場合には、217ページに掲載した、**税関に設置されている「税関相談官（室）」に気軽に問い合わせるのがいいでしょう。**

輸入前に関税の税率などについて不安がある場合は、「**事前教示制度**」を利用して税関に相談しておくと、のちに関税率が違っていたといったトラブルを避けられます。これは、輸入前に税関に、当該貨物の関税分類や関税率などについての照会を文書で行い、文書で回答を受けるものです。税関からの文書（事前教示回答書）の内容は3年間、輸入申告の審査の際に尊重されるため、事前に輸入予定貨物の関税分類や関税率を知ることができ、原価計算や販売計画の精度を上げる一助になります。

また、ジェトロ（https://www.jetro.go.jp）では輸出入の実務の相談を無料で受けてくれます。基本的には電話・メールでの回答ですが、希望すればアドバイザーとの面談も可能です。

● 第6章 ● 輸入総代理をカタチにしていくためのアドバイス

税関相談官の連絡先一覧

税関名	官署名	電話番号	住所
函館税関	業務部税関相談官	0138-40-4261	〒040-8561 北海道函館市海岸町24-4 函館港湾合同庁舎内
	札幌税関支署	011-231-1443	〒060-0042 北海道札幌市中央区大通西10 札幌第2合同庁舎内
東京税関	業務部税関相談官室	03-3529-0700	〒135-8615 東京都江東区青海2-7-11 東京港湾合同庁舎内
	羽田税関支署（旅客、手荷物）	050-5533-6962	〒144-0041 東京都大田区羽田空港2-6-4 CIQ棟内
	羽田税関支署（航空貨物）	050-5533-6988	〒144-0041 東京都大田区羽田空港2-6-3 貨物合同庁舎内
	成田税関支署	0476-34-2128～9	〒282-8603 千葉県成田市古込字古込1-1 成田第2旅客ターミナルビル内
	成田航空貨物出張所	0476-32-6020	〒282-8603 千葉県成田市駒井野字天並野2159
	東京外郵出張所	03-5665-3755	〒136-0075 東京都江東区新砂3-5-14 日本郵便株式会社東京国際郵便局3F
	大井出張所	03-3790-6803	〒143-0001 東京都大田区東海4-1-10
横浜税関	業務部税関相談官室	045-212-6000	〒231-8401 神奈川県横浜市中区新港1-6-2 横浜第1港湾合同庁舎内
	本牧埠頭出張所	045-625-5037	〒231-0811 神奈川県横浜市中区本牧埠頭2
	川崎外郵出張所	044-270-5780	〒219-8799 神奈川県川崎市川崎区東扇島88 日本郵便株式会社川崎東郵便局5F
名古屋税関	業務部税関相談官室	052-654-4100	〒455-8535 愛知県名古屋市港区入船2-3-12
	清水税関支署	054-352-6117	〒424-0922 静岡県静岡市清水区日の出町9-1 清水港湾合同庁舎内
	中部空港税関支署	0569-38-7600	〒479-0881 愛知県常滑市セントレア1-1 中部空港合同庁舎内
	中部外郵出張所	0569-38-1524	〒479-0199 愛知県常滑市セントレア3-13-2 日本郵便株式会社中部国際郵便局内
大阪税関	業務部税関相談官室	06-6576-3001	〒552-0021 大阪府大阪市港区築港4-10-3 大阪港湾合同庁舎内
	関西空港税関支署	072-455-1600～1	〒549-0021 大阪府泉南市泉州空港南1 関西空港地方合同庁舎内
	南港出張所	06-6614-5345	〒559-0031 大阪府大阪市住之江区南港東7-1-41
	大阪外郵出張所	072-455-1850	〒549-8799 大阪府泉南市泉州空港南1 日本郵便株式会社大阪国際郵便局内3F
神戸税関	業務部税関相談官室	078-333-3100	〒650-0041 兵庫県神戸市中央区新港町12-1
門司税関	業務部税関相談官	050-3530-8472	〒801-8511 福岡県北九州市門司区西海岸1-3-10 門司港湾合同庁舎内
	博多税関支署	092-263-8235	〒812-0031 福岡県福岡市博多区沖浜町8-1 福岡港湾合同庁舎内
	福岡空港税関支署	092-477-0101	〒812-0005 福岡県福岡市博多区大字上臼井606 福岡空港合同庁舎内
	福岡外郵出張所	092-663-6260	〒811-8799 福岡県福岡市東区蒲田4-13-70 日本郵便株式会社新福岡郵便局内
長崎税関	業務部税関相談官	095-828-8619	〒850-0862 長崎県長崎市出島町1-36
沖縄地区税関	税関相談官	098-863-0099	〒900-0001 沖縄県那覇市港町2-11-1 那覇港湾合同庁舎内

第6章 助言

02 契約にまつわるトラブル

「信用」ではなく「契約」で輸入総代理ビジネスは動く

トラブルは一度起こると解決のために、さまざまな費用が出ていくだけでなく、時間的コストも発生します。発生したトラブルを解決しても、利益を生み出すわけではないので、なるべくトラブルを回避するようにしたいものです。

とはいえ、ビジネスにはトラブルはつきものです。とくに外国製品を扱う輸入総代理ビジネスは、文化が異なる外国人との取引になりますから、日本人同士の取引よりも、より慎重な対応が必要になってきます。

最も頻発するのは、やはり製品に関するトラブルです。

- 納期に届かない
- 品質が基準に満たない
- サンプルと違う
- 数量が不足している

とくに多いのは、品質に対する日本と外国の基準に開きがあり、それが問題となるケースです。こうしたトラブルを防ぐためにあらかじめサンプルを取り寄せ、製品の品質をチェックしたり、契約書に予防的な項目を記載しておくわけですが、契約書作成時には想定できないトラブルももちろん起こります。

国内では、お互いの信頼関係に基づいて話し合いの合意内容のみで取引しても問題が起こらないことも少なくありませんが、世界の標準では、契約書を取り交わした段階で、契約内容が契約書の記載内容の範囲に限定されてしまうので注意が必要です。つまり、**口頭での取り決めは、契約書に記載が**

● 第6章 ● 輸入総代理をカタチにしていくためのアドバイス

> ### トラブルを拡大させないための5つの注意点
>
> **❶取引に値する相手か見極めを忘れない**
> 国外との取引では、国内での取引よりも慎重に、信頼できる相手かを取引開始前に徹底的に確認する。
>
> **❷トラブルが発生したら迅速に対応**
> トラブル発生時の対処の遅れ、初期段階での対応の誤りはトラブルを拡大させてしまう。トラブル内容の詳細を確認したら、相手側に働きかけて、速やかに、かつ合理的に対応する。
>
> **❸事前にきちんとした契約書を作成する**
> 商品の品質、納期、船積み、決済などの条件はもちろん、商品の保証条項や問題発生時の解決方法もできるかぎり詳細に契約書に記載し、できれば紛争解決のための条項なども明記しておくのが望ましい。
>
> **❹三現主義で相手を厳しく評価**
> 新規取引の場合は、事前の調査や分析が重要となるが、理想をいうなら、直接、相手側の責任者と面談したり、工場の視察をできるとベスト。「現場、現物、現実」を見る三現主義で、相手を適切に評価する。
>
> **❺リスクが高い不利な条件は可能なかぎり避ける**
> 前払いの契約条件にせざるを得ないときは、相手の信用度だけでなく、万一損失を被った場合も考慮に入れ、慎重に判断すること。また、貿易保険を付保するなど、双方が合意しやすい取引条件を提案することも一つの方法。契約時になるべく有利な条件を引き出す粘り強さも必要。

ないかぎり、効力はないということです。

日本国内の「信用」をもとにしたやりとりは、国外との取引には通用しないということを認識しておきましょう。輸入ビジネスでの失敗は、この点の理解不足から発生しているものが非常に多いからです。

実際に起こるトラブルは、契約書の記載内容の不手際や不十分さに起因するものがほとんどです。トラブルが起こったときは、迅速な対応が求められますが、解決の糸口が見つけられない場合には、輸出入ビジネスに明るい弁護士などに相談することも一つの方法です。

第6章 助言

03 お客様とのトラブル

トラブルに向き合うときの心がまえ

販売時にお客様からクレームが発生することをあらかじめ想定しておくことが必要です。

もちろん、クレームがないに越したことはありませんが、どんなにビジネスが順調でも、トラブルの発生をゼロにはできません。

大切なのは、商品を買ってくれたお客様とトラブルになったときに、どのように対応するかです。

直接、店舗で販売する場合なら、膝を突き合わせて話し合うことができますが、本書では、おもにネット経由での販売を想定していますので、ここでは、その場合の対応について考えてみましょう。

お客様とのトラブルをうやむやにしておくことはできません。対応のための心がまえを説明していきます。

まず、お客様が怒って電話やメールでコンタクトしてきたときに、お客様が怒っているのはトラブルに対して、ということです。

お客様からの電話で厳しい言葉で非難されると、自分が責められている感じになってしまいますが、お客様は電話で応対している個人を責めているわけではありません。あくまで、起きたトラブルに対して怒っているのです。それを頭に入れておけば、気持ちが少しラクになり、冷静な応対に努められるのではないでしょうか。

お客様のたかぶりをしずめる

お客様が激怒していて頭に血が上っているときは、とにかくお客

● 第6章 ● 輸入総代理をカタチにしていくためのアドバイス

お客様の行動を否定しない、不快な思いをさせない表現を心がけ、されやすいフリーメールアドレスでの注文は受け付けない、電話番号を記入しないと注文できないようにするなどの対策が考えられます。

このほかにも、発送先や商品の間違いや、商品のイメージが違っていた、商品が破損・汚れている、サイズが合わないなど、さまざまなことが起こります。

いずれにしろ、こちら側に原因があるトラブルが発生したら、なにをおいても迅速に誠意を持って対応することです。クレームの対応は早いに越したことはありません。時間がかかると、その間に話がこじれたり、その対応の遅れが

様の話を最後まで聞くことが大切です。こちらの言い分を主張しようと、**話を途中で遮ることは逆効果になるだけです**。一度、感情を吐き出すことで、お客様は理性的に話せるようになります。

そして、お客様の気持ちや発生した不都合について理解を示して、同調しましょう。たとえ責任がこちら側にないとしても、表面上だけの同調ではなく、迷惑をかけたことを謝罪され、気遣う言葉をかけられることで、お客様はようやく感情をしずめることができます。

トラブルの原因や責任の所在を追及しようとするのではなく、「トラブル解決をお手伝いしたい」という気持ちで臨みましょう。

販売側に責任がある場合の大原則

トラブルには、大きくお客様側に問題がある場合と、販売側に問題がある場合があります。

こちら側に問題がないトラブルの代表例は、「代金未払い」です。決済方法をすべて「先払い」にすればいいのですが、コンビニ払いなど、「後払い」の決済手段を導入している場合は、こうしたトラブルはついて回ります。

新たなクレームになるなど、状況は悪くなる一方です。とにかく最優先で対応する必要があります。

できれば、メールではなく電話でお客様に謝罪・報告をしたほうがいいでしょう。メールの文面だけでは誤解が生じやすいからです。やはり気持ちが伝わりやすいのは直接話すことです。その際はお詫びの言葉だけでなく、トラブルの原因や経緯、今後の対応についても伝えます。

お客様は謝罪の言葉だけがほしいのではありません。トラブルが発生した原因や、事後の対応も大きな関心事なのです。

なにより大事なのは、お客様の立場で考えることです。誠心誠意を尽くし、謝罪することで、二度と同じ過ちをおかさないことをキモに銘じましょう。

お客様に非がある場合でも話に耳を傾けよう

このほかにはお客様の都合による商品の返品や交換も少なくありません。そのときは、お客様の要望を聞き、返品、交換が可能かどうかを判断しなければいけませんが、あらかじめ予想される返品理由を想定して、返品、交換可能な条件をウェブの商品ページに明記しておくといいでしょう。

「トラブル対応では、お客様の話を最後まで聞く」と述べましたが、こちらに非がない場合でもそれは同じです。

相手が納得するまで逃げずに話を聞き、その気持ちを受け止めてあげることで、そのお客様の態度は軟化するはずです。

もちろん、感情的には「こちらは悪くない」という思いがあるわけですから、話を素直に聞けないこともあるでしょう。しかし、「こちらは悪くない」という態度に終始すれば、話は平行線をたどり、かりにお客様が自分の非に気付いても、引くに引けなくなってしまいます。

こうしたときは、トラブルをなんとかするための対応の長期化が、自分にとって損なのか得なのか天秤にかけてみてください。トラ

● 第6章 ● 輸入総代理をカタチにしていくためのアドバイス

ブルの影を引きずっていると、時間的な負担だけでなく、精神的な負担も大きくなるだけで、いいことなどありません。

また、「こちらは悪くない」と思い込んでいても、お客様の立場からすれば、こちら側に非があるといいたくなるような場合もあるかもしれません。

たとえば、注意事項が小さく目立たないように書かれている場合、お客様は、「たしかに、あとからよく見れば書いてあったけど、こんな小さい字で書かれても気付かない」と不満に思っているかもしれません。

そのときに「書いてあるのに、読んでいないあなたが悪い」と主張することは、たとえ正論であったとしても、不満を抱えているお客様を感情的にするだけです。そうなれば、素直に「私にも非があった」と認めづらくさせてしまいます。

ここでも、お客様の立場で考える冷静さを持ちたいものです。

たとえば、「私もお客様の立場なら、たしかにこのような小さい文字は見逃したかもしれません。今後は、はっきりとお客様の目にとまるように配慮をしたいと思います」といえば、お客様も同意しやすいのではないでしょうか。

トラブル対応には、相手の言い分をいったん認めたうえで、その要求を断る「イエス・バット法」や、

相手の要求を初めに断ったうえで、代案を示して同意を得る「ノー・バット法」といった話法のテクニックがあります。

しかし、そうしたテクニックで乗り切ろうとするよりも、お客様の立場を理解し、寄り添うように考えていくほうが、早く解決に至るのではないでしょうか。

多くの先人が指摘しているように、トラブル発生はピンチですが、対応によってはお客様をファンにするチャンスにもなります。また、お客様のクレームは、ビジネスをよりよくするためのヒントです。こうした気持ちも忘れないようにしたいものです。

第6章 助言

04 「製造物責任」にまつわるトラブル

商品を製造した海外メーカーではなく、日本に輸入した輸入者が問われることになるのです。

輸入者には製造物責任がある

自分が輸入総代理として輸入して販売した商品に不具合があり、万が一それが原因でお客様がケガをしたら大変です。その責任を負わないといけないのでしょうか。

消費者は、商品の欠陥によってなんらかの人的・財産的損害を被った人を保護する目的で作られた「製造物責任法（PL法）」によって守られています。

結論からいうと、その責任は、基本的には、その法律名に「製造物」という言葉があるように、モノを作っているメーカーがその責任を負いますが、輸入品の場合は、輸入者が製造業者に該当することになっているのです。

本来的な責任は海外のメーカーにありますが、消費者が海外メーカーとやりとりするのは現実的でないため、被害者救済の意味から、海外メーカーに代わって輸入総代理が責任を負わなければいけないのです。

一方で、輸入者は、その製造責任に対する損害賠償のすべてを海外メーカーに求めることができます。製造物責任については、必要に応じて契約時に明確にしておきましょう。

PL保険の付保でリスクに備える

本来的には、海外メーカーの責任とはいえ、実際に事故が起きたときに、被害者に対する損害補償

224

第6章　輸入総代理をカタチにしていくためのアドバイス

PL保険（生産物賠償責任保険）

PL保険が対象とする事故
- 製造・販売した生産物が原因となった事故
- 業務・仕事の結果が原因となった事故

PL保険の種類
- 損害保険会社提供のPL保険
- 中小企業PL保険制度
  （商工会議所の会員である中小の事業者、個人事業主が加入できる）

PL保険でカバーできる事故の例
- 化粧品で皮膚がカブれ通院した
- 家具の欠陥が原因で、高齢者が腰を痛める大ケガをした
- 電化製品が発火して家屋が焼失した
- おもちゃのラケットの柄が抜け、小学生の顔に当たりケガをした
- 電気カミソリを充電中、電気カミソリから漏電し火災が発生した

は待ったなしです。なによりも迅速な対応が問題を解決するには必要ですから、海外メーカーとどちらの責任かと話し合っている猶予はないはずです。

賠償責任保険である「PL保険」は、早期対応をサポートしてくれます。取り扱いがある損害保険会社に問い合わせてみましょう。

また、こうしたトラブルを予防するために、商品のパッケージなどに警告表示を入れたり、取扱説明書を作成することも考えないといけません。商品の用途や使用法を明示しないまま事故が起きてしまった場合には賠償責任を負う可能性があるので注意が必要です。

第6章 助言

05 輸入した商材を日本に合うようにカスタマイズ

日本人のためのキャッチコピーや説明書

海外で成功している商品を、そのまま日本で販売してもうまくいかないことは少なくありません。その商品が販売されている国と日本では、バックグラウンドが異なるからです。

たとえば、海外メーカーから現地の広告を見せてもらい、そのまま翻訳しても、それが日本の消費者にとって魅力的な広告になるとはかぎりません。「向こうではこの広告で成功しているから」と翻訳してみたものの、どこかに違和感があれば、日本人に響くような言葉に変えてしまうことも当然必要です。

商品に付属している説明書にも同じことがいえます。外国製品を買って説明書を見たとき、そのわかりづらさに閉口したことはないでしょうか。

もしそうであれば、新たに説明書を作り直してみるのもいいでしょう。

メーカーに日本向け商品を逆提案する

いくら海外で成功していても、日本人に合わなければ、日本では売れません。広告や説明書を日本人向けにすることに加えて大事になるのは、商品を日本向けにカス

の広告で成功しているから」と翻訳してみたものの、どこかに違和感があれば、日本人に響くような言葉に変えてしまうことも当然必要です。きめ細かなサービスに慣れている日本人には、こうした気遣いも必要でしょう。

訳することを大きく減らすことが期待できますし、なにより不親切な印象を与えないで済みます。

第6章　輸入総代理をカタチにしていくためのアドバイス

タマイズすることです。

第2章で紹介した池松さんの松葉杖（商品名：スマートクラッチ）は、当初は輸入した製品をそのまま販売していましたが、日本人には使いづらいところがありました。

輸入元は南アフリカですから、南アフリカ人に合う仕様で作られています。南アフリカ人に比べて日本人は小柄ですから、身長が低めの人に合うサイズがありませんでした。

池松さんは、日本人のお客様からのフィードバックで、その問題点に気付いたといいます。お客様からの率直な言葉にこそ商品をよりよくするヒントが隠れているものです。**耳の痛い話であったとし**

ても、そうした話には意識して耳を傾けるようにしたいものです。

問題点を把握した池松さんは、メーカー側に商品の改良を掛け合いました。

改善点が見つかったとき、メーカー側に逆提案していくことは重要です。

メーカーも日本市場での販売数を伸ばしたいわけですし、商品をもっとよくしたいと思っているわけですから、きっと協力してくれるはずです。

ただし、相手は遠く離れたところにいる外国人ですから、細かいニュアンスを伝えるのは難しいかもしれません。それでも臆することなく、根気よく、提案していき

ましょう。

それでもメーカーがこちらの申し出に応えてくれない、もしくは応えられない場合は、メーカーの許可を得て、日本で製造するのも一つの手です。

実際に、池松さんは、メーカー側で対応してもらうことが難しいとなった時点で、日本の工場で製造する決断をして、メーカーと製造ライセンス契約を締結し、その結果、日本人に合った松葉杖の製造に成功しています。

このように海外で売られているままでは、日本の市場にフィットしない商品もあることを頭に入れておきましょう。

第6章 助言

06 製造総代理というやり方もある

一つ上を行く「製造総代理」とは？

これまで一貫して輸入総代理ビジネスについて述べてきましたが、これとは別に「製造総代理」という手法もあるので、ここで簡単に触れておきましょう。

製造総代理とは、その名のとおり、海外で生産されている商品を輸入して販売するのではなく、製造から手がけ、販売する方法です。

これは輸入総代理ビジネスよりハードルが高い方法ですが、将来的には、このようなやり方を視野に入れておいてもいいでしょう。

先ほど触れた池松さんのように、海外メーカーから製造することを認めてもらって、自ら商品を製造・販売する方法です。

池松さんは、南アフリカで製造された商品を輸入・販売していましたが、再三の品質改善要求に現地の工場が対応できなかったため、設備の整った日本の工場で生産することを許可してもらって、製造まで手がけることになりました。

当初は製造まで手がけるつもりはありませんでしたが、自らの理想を追求した結果、製造総代理としてビジネスをすることになったのです。

製造総代理なら高い利益率が期待できる

もちろん製造するのは、日本国内にかぎりません。海外メーカーから製造の許可を得て、人件費が安い国で製造すれば、価格競争力がある商品を作ることができます。

この場合は、現地の工場を発掘して交渉を行い、場合によっては

228

● 第6章 ● 輸入総代理をカタチにしていくためのアドバイス

製造総代理で手がけている郵便ポスト

日本のマーケットに合わせ、日本側で企画し、海外のメーカーに発注。アメリカやカナダ、オーストラリアなどの家屋は敷地が広いためポール型ポストが多いが、敷地の狭い日本では塀への埋め込み型ポストや壁掛けタイプのポストのほうが一般的なため。

その工場を現地視察する必要があります。資金面でもそれなりの負担が避けられませんが、輸入総代理ビジネスである程度の成功を収めたあとであれば、製造総代理ビジネスチャンスを広げる方法として一考の価値があります。

私はデザイン性の高い郵便ポストに惚れ込み、海外の工場で製造しています。人件費の安いタイの工場で作ることで、高い利益率を維持しています。

製造総代理になると、工夫次第でコストを下げられるメリットがあります。もっとも、作った製品の在庫が積み上がれば、それはそのまま損失につながるので、リスクも大きくなる面があります。

第6章 助言

07 強力なライバルが新たに出現したら

SWOT分析で今後の方針を考えてみよう

輸入総代理は、国内で独占的に商品を取り扱うことができるのがメリットですが、独占的なのは、あくまでも、その商品だけです。類似した商品が出てくれば、それに売れる商品が現れるのは、世の常といっていいでしょう。

それまでブルー・オーシャンだった市場にライバルが現れたら、不安になるかもしれません。しかし、慌てずに冷静に対処したいものです。

中国の兵法書『孫子』の有名な言葉「彼を知り己を知れば百戦あやうからず（敵と自分のことをしっかり把握していれば、何度戦っても敗れることはない）」にあるように、ライバルが現れたら、ライバルをよく知ることです。ライバルの商品を取り寄せて、自社製品との違いを知ることはもちろん、価格設定、メインで狙っているターゲット層、広告の打ち出し方など、あらゆる側面から比較していきましょう。

このときに、助けになるのが、SWOT分析というフレームワーク（考え方）です。自分（自社）の「強み（Strengths）」と「弱み（Weaknesses）」、「機会（Opportunities）」と「脅威（Threats）」の4要因の頭文字を取ったもので、戦略の方向性を定めるときに役立つ汎用性の高い分析ツールです。各要因を列挙し、そのなかから二つ以上の要因を組み合わせて、課題と解決の方向性を導き出します。

「強み」と「弱み」は内部要因な

● 第6章 ● 輸入総代理をカタチにしていくためのアドバイス

SWOT分析の例

内部要因（自社分析）	**S**trengths（強み） 自社の強みはなにか？ 例）・他社に負けない独自技術 ・製品デザイン	**W**eaknesses（弱み） 自社の弱みはなにか？ 例）・価格競争力 ・ブランドイメージ
外部要因	**O**pportunities（機会） 自社に有利になる外部要因はなにか？ 例）・メディアでの露出機会増 ・スマート家電需要の拡大	**T**hreats（脅威） 自社に不利になる外部要因はなにか？ 例）・類似商品の登場 ・原材料価格の高騰

	内部要因	
	Strengths（強み） ・他社に負けない独自技術 ・製品デザイン	**W**eaknesses（弱み） ・価格競争力 ・ブランドイメージ
Opportunities（機会） ・メディアでの露出機会増 ・スマート家電需要の拡大	SO戦略（S×O） 強みでチャンスを活かす ・他社に負けない技術をさらに磨き、圧倒的な地位を築く	WO戦略（W×O） 弱みを克服してチャンスを活かす ・需要増大に応じて、価格を下げ、販売数の拡大を目指す
Threats（脅威） ・類似商品の登場 ・原材料価格の高騰	ST戦略（S×T） 強みで脅威に対処する ・独自技術の強みを活かし、デザイン力を強化してライバルに対抗	WT戦略（W×T） 弱みと脅威の影響を最小化する ・機能の高さとデザインのよさを訴求し、価格が高いという弱点を弱めて、ライバルに対抗

（外部要因）

ので、自らの創意工夫次第で克服することができますが、需要の拡大といった「機会」、ライバルの出現といった「脅威」などの外部要因は自らの力だけではどうにもなりませんので、いかに柔軟に対応していくかが問われます。

そこで、『機会』をものにするために『強み』を発揮する」「『弱み』『脅威』に立ち向かうために『強み』を克服する」といったように、内部要因と外部要因を掛け合わせることで、今後の方針を考えてみるのです。こうすることは、自分の製品を客観視する機会になりますから、ライバルとの違いを明確にでき、今後の方向性を決める手がかりになります。

第6章 助言

08 しばらく経ったら契約のメンテナンスを考えよう

契約内容を改定することも視野に入れておく

一度契約を結ぶと、その契約に縛られることになりますが、最初に結んだ契約がすべてではありません。一定の時間が過ぎれば、契約内容をメンテナンスすることも大切です。

とはいえ、契約を結んでしまえば、いくら不利な条件でも、そう簡単に変えることはできませんので、最初の契約時に契約期間をどう設定するかを考えておく必要があります。

一般的に、独占権のある輸入総代理店として契約するときは、海外メーカー側は長期契約を望む傾向があります。**しかし改定することをあらかじめ織り込んで、最初の契約時にはあまり長期の契約期間にしないのも一つの方法です。**

たとえ長期の契約期間を設定しても、契約で合意した販売条件（月間の販売数など）のノルマが厳しくなければ、それほどの不利益はありません。メーカー側からすれば、輸入総代理の売上が思うように上がらなくても簡単に契約を打ち切れなくなります。

逆にノルマが厳しい場合は、輸入総代理側が不利になり、メーカー側は有利です。

販売実績を積んで、メーカーに対しての発言力が付いてきたと思ったら、自分たちにより有利な契約内容に変更することを考えましょう。また、現在の条件のままではビジネスの継続が難しい場合は、これまでよりもこちら側にとって有利な条件に緩和してもらうように思い切って申し出てみる

第6章 輸入総代理をカタチにしていくためのアドバイス

契約解消に関する条項に注意

のも一つの手です。

また、場合によっては、契約を打ち切ることを考えなければいけない状況が訪れるかもしれません。契約を解消すれば、もちろん、メーカーから提供される商品を販売することはできなくなりますが、メーカーは、すぐに新しい総代理を探したり、直接、日本市場に参入してくるかもしれません。

このときに注意したいのは、「無形的な価値（Goodwill）」と呼ばれる考え方です。

無形的な価値とは、たとえば、それまで輸入総代理として、その商品を売ろうと努力した過程で、お金や時間をかけて開拓した販路や、販促活動によって向上した商品の認知度・ブランド力など、目には見えない価値のことをいいます。

メーカー側に悪意があれば、輸入総代理に日本でのマーケティング活動を展開させて、ある程度の環境が整ったときに、突然、契約解消することだってあるかもしれません。それを機に、それまでの無形的な価値を利用して日本市場に乗り出す可能性もゼロではありません。

最初の契約時に、メーカーが契約終了時に無形的な価値に対する補償金を払う義務がないことを、

定めた条項が入っている場合があります。もしビジネスが順調に育っていて、その条項がある場合には、契約を更新するときに、契約解消時の無形的な価値に対する補償を求められるような条項への変更を提案してもいいでしょう。

「書式」でも駆け引きがあることを知っておく

ところで、「書式の戦い」という言葉をご存じでしょうか。

契約書は当事者のいずれか一方が契約書2通を作成し、自ら署名したものを相手方に送付して署名を求めるのが一般的です。

その際に、より有利な契約を結ぶために、自分たちが作った契約

書を使おうとやり合うことが「書式の戦い」です。

契約書は、商品品質、数量、価格条件、支払い条件、船積み条件などの主要取引条件を記載した項目を記載した「**表面条項（タイプ条項）**」と、クレーム処理や不可抗力（地震や台風などの天変地異によって契約を履行できないこと）などの詳細について定める「**裏面条項（印刷条項）**」で構成されることが多くあります。

表面条項は、交渉で合意した取引条件を記載すれば、問題が生じることはないでしょう。

一方で、裏面条項の内容は取引交渉の際に話し合われないこともあるので、契約締結時に意見が対立することがあります。

裏面条項には、契約上のトラブルが発生した場合に両者間の利害が衝突するため、契約書がメーカーから送付されてきた場合には、同意しかねる内容が書かれていることもあります。

最初の契約時には、輸入総代理の権利がほしいあまりに、そういった条項を飲まざるを得ないケースもあるかもしれません（もちろん、絶対に合意できない内容なら契約を結んではいけません）。

契約内容を改定する場合に、今度はこちらが契約書を作ることで、より有利な条件を目指すというのもちろん、絶対に合意できない内容の改定にあたって先方から契約書の提案があった場合には、同意できない部分に斜線を引き、同意しない旨の意思表示をしましょう。

最初の契約時にもいえることですが、なかなか合意できず、お互いの主張がぶつかり合う場合もあるでしょう。どうしても譲れない部分以外については譲歩するなどして、根気よく交渉を続けることが大切です。

いずれにしろ、契約書というフォーマルな書類で、しかも英文です。海外のメーカーとのやりとりも難しいので、貿易に精通した弁護士や行政書士などプロに相談するのが安心です。

裏面条項として記載されるおもな内容

条項名	英文表記	概要
契約期間	Term	契約が有効な期間を定める規定。自動更新について記載することも
クレーム	Claim	商品に対するクレームに関する規定
変更・修正	Amendment & Alteration	契約内容の変更・修正に関する手続きを定める規定
保証	Warranty	品質の保証条件に関する規定
特許、商標など	Patent, Trade Marks etc.	特許、商標、知的財産権などに関する規定
不可抗力	Force Majeure	天災地変、ストライキなどの事情による義務不履行の免責を定める規定
契約不履行	Default	当事者が契約履行できなくなった場合の契約解除に関する規定
譲渡禁止	No Assignment	当事者の合意なく、契約上の権利・義務の譲渡を禁止する規定
権利不放棄	No Waiver of Rights	当事者の権利の放棄に関する規定
仲裁	Arbitration	係争の際の仲裁に関する規定
貿易条件および準拠法	Trade Terms & Governing Law	当該契約が準拠する法律の規定

第6章 助言

09 輸入総代理を個人でやるか、法人でやるか

法人にすれば信頼度がアップする

輸入総代理が軌道に乗ってくれば、いずれ会社組織（法人）にすることも考える必要が出てきます。

法人化には、設立に際して登記をはじめとする各種手続きの手間と同時に費用がかかります。また、経理などの事務作業も個人事業に比べて煩雑なため、一般的には税理士に税務申告を依頼します。会社の所在地や役員に変更があればその都度、変更登記が必要になり、それを司法書士などに依頼すれば手数料がかかります。強制加入の社会保険の負担も軽くはありません。毎年の決算も面倒です。

それだけの手間と費用をかけ、法人にするメリットの一つは、**社会的信用が高まり、取引がしやすくなる点にあります**。

たとえば、お客様の立場になったとき、運営母体が株式会社○○のショップと、佐藤○○という個人のショップのどちらが信用できるかということです。法人としてのほうが身元がはっきりしているほうが信頼できるはずです。

順調に成長すると税金面で有利な点も

また、税金面では税率が異なり、さまざまな違いがあります。個人なら赤字の場合は税金はかかりませんが、法人は赤字でも法人住民税の均等割7万円を支払う必要があります。確定申告の際も個人に比べて法人は必要書類が多く、手間がかかります。しかし、**法人のほうが出費を経費として認められやすいメリットがあるほか、ある**

● 第6章 ● 輸入総代理をカタチにしていくためのアドバイス

個人事業主と法人のおもな違い

	個人事業主の場合	法人の場合
設立手続き	簡単 （個人事業の開業届出を出すだけ）	煩雑 （法人設立登記が必要）
設立費用	ほとんどかからない	実費が25万円～
社会的信用	法人に比べ低い	個人事業主に比べ高い
融資	受けにくい	受けやすい
従業員の採用	信用が低いため難しい	個人に比べると確保しやすい
社会保険	事業主は加入不可	事業主も加入可 ただし、会社負担は増える
税務申告	比較的簡単なので自分でも可能	税理士などの専門家に 委託するのが一般的
税金	赤字の場合は無税 事業所得に対する所得税 5%～45%	赤字でも税金がかかる 所得に対する法人税は 15%、23.9%のどちらか
節税対策	少ない	多くの節税策がある
赤字の繰り越し	白色申告では損失の繰り越し不可 青色申告で最大3年間損失を 繰り越しできる	青色申告で最大9年間損失を 繰り越しできる

一定額以上の利益が出ると、累進課税の個人事業より法人のほうが税率が低くなります。

もっとも、税金面でどちらが得かを算定するのは、専業か兼業か、いくら利益が出ているのかなどによってケースバイケースで複雑です。法人化を考える際は、税理士などの専門家に相談するといいでしょう。

開業するときは、手間と金銭的な負担を考え、個人と法人どちらで開業するかを考えることになります。無理に法人化して負担に耐えられなくなるくらいなら、個人事業でビジネスを始めてから「法人成り」しても遅くはありませんので、焦る必要はないでしょう。

第6章 助言

10 輸入総代理でうまくいく人

「ラクして儲ける」では道のりは厳しい

成功を夢見て輸入総代理ビジネスを始めるのは悪いことではありません。しかし、**必ず成功すると思い込んでいたり、すぐに儲かることを望んでいるなら、その考えは改めたほうがいいでしょう。**

第2章で紹介した人たちもそうですが、最初から順風満帆ということはあり得ません。輸入総代理の権利を獲得できてから本当の意味の試行錯誤が始まります。

うまくいかなければ、最初のやり方に手を入れて、少しずつでも改善していく努力が必要です。それを繰り返して、輸入総代理ビジネスをブラッシュアップしなければ、長続きはしないでしょう。

たとえば、ブログなどにアフィリエイト広告を表示させることで、大きな利益を得ている人がいます。アフィリエイト広告は目にした人の数が増えることで、受け取れる広告収入が増えていきますが、大きな利益を得ている人は、決してラクをしていません。訪問者を迎えられるように頻繁に更新し、読者をひきつける魅力的なコンテンツを日々考え続けています。むしろ、サラリーマンとして働く以上の労力をかけています。

輸入総代理ビジネスも同じです。商品を広く知らしめるためのマーケティング活動や販路の開拓など地道に一つひとつやっていく努力を欠くことはできません。

販売当初の苦戦が長く続く可能性も

販売当初は、あなたが輸入総代

● 第6章 ● 輸入総代理をカタチにしていくためのアドバイス

理契約を獲得した商品を誰も知らないわけですから、いきなり爆発的なヒットになるようなことは、まずありません。

売れても少しずつという状態が長く続くかもしれません。しかし、あきらめたらそこで終わりです。ここは我慢のしどころと腹を決めて徐々に販売数を増やしていくのです。

もしかしたら「軌道に乗った」と思えるまで、予想以上に長い時間がかかるかもしれません。そんなときでも根気よく、あきらめずに自らの輸入総代理ビジネスをよりよくする努力を続けるしかありません。

輸入総代理ビジネスで成功している人の共通点の一つとして挙げられるのが、小さなことでもつねにチャレンジしていることです。

思ったより売れなかったときに、「モノ自体はいいのだから、売れるはず」とこれまでのやり方を頑なに変えない人は、このビジネスには向いていません。私の周囲で、当初の予想よりも売れていない事実に直面したときに、自分ができる範囲でなにかを変えていける人が、輸入総代理ビジネスで成功にたどり着いています。

ホームページの打ち出し方を変えたり、キャッチコピーを差し換えたり、周囲の人の意見に耳を傾け、一度は違ったやり方を試してみるのです。

とはいえ、なんでも受け入ればいいわけではありません。ここは難しいところですが、他人の意見や考えを受け入れ、やり方を変える素直さも必要ということです。

また、一見、相反するように思えるかもしれませんが、自分が惚れ込んだ商品は「絶対に売れる」と信じる気持ちも大切です。この気持ちが揺らいでしまえば、せっかく動き始めたビジネスを続ける気持ちが続かなくなります。

ただし、次項でも述べるように、それが自分の未来にとって求められることであるなら、「やめる」という勇気ある決断もときには必要でしょう。

第6章 助言

11 「看板をおろす」見切りのタイミングについて考える

自分の願望を排除し現実を直視しよう

輸入総代理の権利を獲得できても、うまくいくとはかぎらないと述べました。どんなビジネスでも同じですが、軌道に乗らなかったときに、引き際を考えなければいけないこともあります。

しかし、この判断はとても難しいのです。

「こんなところで退いてしまっていいのか」「まだやれる。もっと頑張れば、うまくいくのではないか」という考えと、「もうダメかもしれない」という考えが、頭のなかで綱引きしている状態になると、どちらの選択がいいのか混乱してくるはずです。

そこで、「看板をおろす」という考えが浮かんだときに、どうすればいいのかを考えてみましょう。

まず大切なのは、**「現実」を直視することです**。自分にとって不都合な事実にもしっかりと向き合い、今後の予測についても「こうありたい」という理想で考えるのはやめましょう。

ついつい理想や願望を込めた楽観的な予測をしたくなる気持ちは痛いほど理解できますが、そう考えても、実際に売上アップのための行動をしていなければ、その理想的な状態は訪れません。

周囲の人との比較はほどほどにしよう

ネット上を探せば同じようなことをしている人たちを簡単に見つけることができます。目にする情報は成功談が少なくないはずです。そこで成功している（ように見え

240

● 第6章　輸入総代理をカタチにしていくためのアドバイス

る）人と自分を比較すると、自分がダメ人間に思えてくるかもしれません。

輸入総代理ビジネスを他人に勝つために始めたのなら別ですが、ほとんどの人は、「新しいことにチャレンジして、より幸せになりたい」とか「自分が好きなことを仕事にしたい」といった目的があったはずです。

同じ土俵で成功している人をうらやましく思うのはしかたありませんが、他人と比較して、ネガティブな状態で輸入総代理の看板をおろす判断をしても、のちのち振り返ったときに後悔を残す可能性大です。他人との比較ではなく、自分としてどうしたいかを考えま

しょう。

決めるときには未来を見据えて

看板をおろす決断の一つの基準として、未来を見据えた判断かどうかを自分なりに考えてみてはどうでしょうか。

輸入総代理にかぎらず、成功するには、継続することが必要です。

「投げたら、すべては終わり」かもしれませんが、間違った方向に努力しても、結果は出ません。時と場合によっては、やめるべき場合もあるのです。

これまで頑張ってきても結果が出なかったら、「自分の力不足だった」と素直に認め、自分の未来を

どうすればよりよくできるかを考えてみましょう。

そのとき、「看板をおろす」のが、未来をよくするために必要であれば、それは正しい選択といっていいでしょう。

また、当初の熱意がなくなり、意地だけで続けているのであれば、早めに身を引くほうがいいかもしれません。

現実的に毎月赤字を垂れ流すことが続けば、幸せな生活どころではなくなってしまいます。傷が深くなる前にやめられれば、新たな商品を発掘してもう一度チャレンジできるかもしれません。

どちらを選択するにしても、悔いのない判断をしたいものです。

241

【付録】
リアル契約書を見てみよう！

契約書は同じものが一つとしてありません。ここでは英文契約書を見たことがない人のために、実際に輸入総代理の契約で使われた二つの契約書サンプルを紹介していきます。英文の細かい表現などよりも、実際の契約書にはどのような項目が盛り込まれているのかを知り、どんな雰囲気なのかをつかんでおきましょう。

P.243 サンプル❶
ニュージーランドの企業との販売代理店契約書

P.250 サンプル❷
アメリカの企業との販売代理店契約書

● 付録 ● リアル契約書を見てみよう！

> ニュージーランドの企業との販売代理店契約書

サンプル❶／表紙（1ページ）

DATED this　　　　day of　　　　　　　　　　2009

PARTIES （当事者）

1. ▓▓▓▓▓▓▓ COMPANY NUMBER 1135710

2. ←-------------------　ここに輸入総代理になる側の会社名もしくは個人名を記載する

DISTRIBUTOR AGREEMENT
（販売代理店契約書）

243

サンプル❶／（2ページ）

AGREEMENT made this   day of   2009

PARTIES（当事者） ◄------- この契約書の当事者名を記載

1.   ▓▓▓▓ ▓▓▓▓▓ company number 1135710 ('▓▓▓ ▓▓▓▓▓ ')

2.
     ("Distributor")

BACKGROUND（背景） ◄------- 契約の背景を簡単に記載する。「WITNESSETH」や「RECITALS」と書かれることも

A.   ▓▓▓ ▓▓▓▓▓ is a designer manufacturer and distributor of letterboxes and accessories ("Products")

B.   ▓▓▓ ▓▓▓▓▓ wishes to appoint a distributor of the products in the country referred to in paragraph 2 of this Agreement

C.   The Distributor represents that it has the requisite knowledge, experience, know-how, and resources to market, sell and distribute Products, and wishes to enter into an agreement with ▓▓ ▓▓▓▓ for that purpose; and

NOW THEREFORE, in consideration for the mutual promises, covenants and obligations in this document, the parties agree as follows

◄------- 英文契約書の定型句。以降が契約書の本文になる

1.   **TERM（契約期間）**
1.1   This Agreement will become effective on (insert date) and expire on (insert date) unless earlier terminated pursuant to the provisions of this Agreement.

1.2   The parties acknowledge that prior to the expiry of this Agreement they shall negotiate in good faith any further term of this Agreement. The Distributor acknowledges that any further term will be dependent on the performance by the Distributor of the obligations contained in this Agreement.

2.   **COUNTRY（対象国）**
2.1   The Distributor will have the responsibility for the sale, marketing, dis▓▓▓▓ warranty of Products in the country of ("the Country").

◄------- 海外メーカーが定めた国・地域において、独占的に販売する権利を与えることを約束する項目

3.   **EXCLUSIVITY（独占権）** ◄-------
3.1   During the term of this Agreement, ▓▓ ▓▓▓▓▓ will sell Products for resale within the Country only to the Distributor.

3.2   During the term of this Agreement the Distributor will not engage or participate, anywhere in the world outside of the Country, in the business of distributing or selling Products, either directly or indirectly, and neither will knowingly sell Products to any person who intends to sell or distribute them outside of the Country.

3.3   During the term of this Agreement the Distributor must notify ▓▓ ▓▓▓▓▓ in writing of all other products the Distributor sells or distributes within the Country.

4.   **PAYMENT AND DELIVERY（支払い条件と配送）**
4.1   Payment for the Products shall be made at the time of ordering Products from ▓▓▓ ▓▓▓▓▓. Payment is made in New Zealand dollars unless otherwise directed by ▓▓ ▓▓▓▓.

● 付録 ● リアル契約書を見てみよう！

サンプル❶／（3ページ）

4.2　███ ███ shall organise delivery of Products to the Distributor by CFR delivery. The Distributor agrees to meet freight costs on invoicing by ███ ███. The Distributor acknowledges that he is required to pay goods and services tax and duty to enable him to uplift the Product on its arrival in ("the Country").

4.3　███ ███ shall arrange insurance to cover the Products while in transit to the port of ("the Country").

4.4　███ ███ shall on receipt of an order for Products from the Distributor of the time frame for supply of the Products and endeavours to adhere to this time frame. The Distributor ackno not be liable to the Distributor for any delay in delivery of the Prod

5. **NO ASSIGNMENT（譲渡禁止）** ◀------------------

> 相手との書面による同意がなければ、債権債務などの権利義務の譲渡ができないことを規定する項目

5.1　The rights granted to the Distributor will not be assignable, or otherwise delegable, transferable, or subject to encumbrance in any manner or degree to, or in favour of any person, or for any purpose by any act of the Distributor. Any change in the shareholding of the Distributor (if the Distributor is a company) will be deemed to be a purported assignment of the rights granted under this agreement which shall give rise to the right on the part of Box Design to terminate this agreement.

6. **LIMITATION OF LIABILITY（賠償責任の制限条項）**

6.1　In the event of the termination of this Agreement under the provisions of this Agreement, ███ ███ will not be liable to the Distributor for any compensation, reimbursements, expenditures, statutory or other indemnities, or for any investments, losses or other commitments, or for damages on the account of the losses of prospective profits or earnings or anticipated business, or for any other loss, damage, expense, or matter, resulting out of such termination. This provision of the Agreement will survive termination of the Agreement.

7. **PERFORMANCE BY THE DISTRIBUTOR（販売店による営業活動）**

7.1　The parties acknowledge that products have not been distributed in a comprehensive manner in Australia prior to this Agreement. The parties intend to co-operate to develop a market for the Products in the Country and ███ ███ will provide support as required by the Distributor.

8. **MARKETING BY THE DISTRIBUTOR（販売店によるマーケティング）**

8.1　With respect to each type of advertising material the Distributor proposes to use to promote Products, including but not limited to print advertisements, catalogues, promotional flyers, banners, videos, television advertisements, Internet and electronic media, radio advertisements and all other types of materials, the Distributor can create at its own expense, with approval by ███ ███. No marketing material can be used by the Distributor until ███ ███ gives consent either verbally or by email. The Distributor must submit a pre-publication or pre-production sample to ███ ███ for approval prior to the Distributor using its own material for publication or production. Each sample will show how the ███ Trademark will be used in relation to the copy or materials, the proposed uses of the materials (including the media to be used), the quantity that will be produced, and the duration of the proposed uses.

9. **OWNERSHIP OF TRADEMARKS（商標の所有権）**

9.1　███ Trademark, trade name, logos, graphics and designs, and any marketing information used under clause 8 above, (in this Agreement referred to collectively as "Trademarks") and the registrations and the applications for registration therefore are the exclusive property of ███ ███. The Distributor may not apply to register the Trademarks nor may the Distributor seek, in any way, to obtain or purchase trademark registrations and/or applications for registration of the Trademarks. If the Distributor has, prior to this Agreement, obtained or purchased trademark registrations or applications for any of the Trademarks, the Distributor will

サンプル❶／（4ページ）

immediately assign to ▓▓▓▓ all right, title and interest in and to the Trademarks by executing an Assignment prepared by ▓▓▓▓.

10. USE OF TRADEMARKS（商標の使用権）

10.1 The Distributor may not use the Trademarks on any other items to be sold or distributed in or outside the Country without express permission from ▓▓ ▓▓▓. Upon request from ▓▓ ▓▓▓ or if this Agreement is terminated, the Distributor will discontinue use of all the Trademarks and thereafter will no[t] directly or indirectly in connection with the Distributor's busine[ss use any] name, title, or expression so nearly resembling the Trademar[ks as to] lead to confusion or uncertainty or to deceive the public and ▓ containing trademarks to ▓▓ ▓▓▓▓.

> 販売店は第三者に対して、海外メーカーの直接の代表者あるいは代理人であるかのように公言、示唆してはならないことを定めた項目

11. NO AGENCY（非代理人）

11.1 The Distributor will not use any words or perform any act or make statement, written or oral, which would imply or indicate, or intend to imply or indicate, that the Distributor or its business is an agent or representative of ▓▓ ▓▓▓ or an agency of ▓▓ ▓▓▓ or a division, subsidiary, or other branch of ▓▓ ▓▓▓ or that ▓ ▓▓▓▓ in any manner, either directly or indirectly, owns, controls, maintains, or operates the Distributor or its business, or that ▓▓ ▓▓▓ in any manner is responsible or liable for the Distributor's obligations, or that any relationship exists between ▓▓ ▓▓▓▓ and the Distributor other than that of independent supplier and independent Distributor. This provision of the Agreement will survive termination of the Agreement.

12. STANDARD OF QUALITY（品質基準）

12.1 In order to preserve the goodwill and consumer acceptance associated with ▓▓ ▓▓▓▓ and its name and Trademarks, the Distributor will at all times during the term of this Agreement maintain and operate an efficient, well equipped, and well run business.

12.2 The Distributor must comply with the terms and co[nditions of the] ▓▓ ▓▓▓ Distributor Terms and Conditions that ▓▓ ▓▓▓ [may adopt or] amend from time to time.

> 製品の保証に関する項目。
> ここでは海外メーカー側が消費者に対して、1年間の保証を行うことなどが明記されている

13. WARRANTIES（保証条項）

13.1 ▓▓ ▓▓▓▓ warrants that all Products will be free from defects in materials or workmanship for a period of one (1) year from the date of sale of the Products to the consumer. This warranty will not apply to any Products which have been altered in any way or which have been subject to misuse, abuse, negligence, or accident.

13.2 The Distributor shall email a photograph of the defective product to ▓▓ ▓▓▓ and ▓▓ ▓▓▓ will determine if the products are covered under its warranty. If the Products are found defective ▓▓ ▓▓▓ will replace the defective product and pay for freight to the Distributor.

13.3 The warranty set forth in this Section 13 is the sole and exclusive warranty provided by ▓▓ ▓▓▓ to the Distributor and is in lieu of all warranties of merchantability, fitness for purpose, or other warranties, expressed or implied, either by law or otherwise. Replacement of Products, in the manner and for the period of time stipulated in this Section 13, will constitute fulfilment of all direct and derivative and consequential liabilities and obligations of ▓▓ ▓▓▓ to the Distributor, whether based on contract or strict liability, negligence or otherwise.

13.4 ▓▓ ▓▓▓ will not be liable to the Distributor for special, derivative, indirect or consequential damages. The remedies available to the Distributor as set forth herein

● 付録 ●　リアル契約書を見てみよう！

サンプル❶／（5ページ）

are exclusive, and the liability of ▂▂▂▂, whether in contract, tort, strict liability, or under any warranty or otherwise, with respect to any of ▂▂▂▂ transaction entered into in connection therewith, except ▂▂▂▂ herein, will not exceed the price of the Products upon w▂▂▂▂ This provision of the Agreement will survive termination o▂▂▂▂

> 秘密情報の範囲を定義し、販売店がそれを他人に開示することを禁止する項目。「Confidentiality Agreement」とも

14. NON-DISCLOSURE （非開示条項）

14. The Distributor acknowledges that the following items are strictly confidential and constitute Proprietary and Trade Secret information belonging to ▂▂▂▂ and that disclosure will cause ▂▂▂▂ irreparable injury: customer lists, call lists and other customer data, including sales records and histories, memoranda, notes, records, reports, evaluations, test results, technical data, research development data, and "know how" pertaining to ▂▂▂▂; manufacturing processes, chemical formulae, and other data and information pertaining to the composition of ▂▂▂▂ products, and sketches, plans, drawings, designs and specifications pertaining to ▂▂▂▂ products. The Distributor will not disclose to any person or entity, any o▂▂▂▂ items without prior written authorization by ▂▂▂▂. This prov▂▂▂▂ Agreement will survive termination of the Agreement.

> 「NON-DISCLOSURE」とほぼ同義だが、秘密を厳守することを取り決める項目

15. CONFIDENTIALITY AGREEMENT （秘密保持条項）

15.1 The Distributor will maintain the confidentiality of all Trade Secrets, Proprietary Information and Intellectual Property (collectively "Confidential Information"), including all Confidential Information which has been provided prior to the signing of this Agreement, and, except as specifically provided below, will exercise all efforts reasonably necessary to prevent the unauthorized disclosure of any Confidential Information to any third party. Such Confidential Information will at all times remain the property of ▂▂▂▂ and, except as necessary to complete the obligations hereunder, will be entirely under ▂▂▂▂ control. Additionally:

(a) The Distributor will promptly return or destroy any Confidential Information, if requested to do so by ▂▂▂▂ at any time; and

(b) The Distributor specifically agrees that the terms of this Agreement and any agenda will be held in strict confidence and will not be disclosed to any person.

It is specifically agreed that money damages would not be a sufficie▂▂▂▂ breach of this provision and ▂▂▂▂ will be entitled to specific performanc▂▂▂▂ breach in addition to any other remedies available to it at law or i▂▂▂▂ provision of the Agreement will survive termination of the Agreement.

> 契約の解除など重要な意思表示の通知を、どの手段で、どこに出すのかなどを決めておく項目

16. NOTICES （通知）

16.1 Any notice, request, or demand given or required to be given hereunder, except orders placed with ▂▂▂▂ and confirmation of orders given by ▂▂▂▂, will be in writing, will be in the English language, and will be given by both facsimile (fax) transmission, email and mailing the same by registered or certified mail, postage prepaid.

If, to the Distributor by email to:
To be advised

If, to ▂▂▂▂ then by email to:

"▂▂▂@▂▂▂.co.nz"

サンプル❶／（6ページ）

17. **TERMINATION**（契約の終了）◀------　｜契約の終了、解除について取り決める項目

17.1 This Agreement may be terminated:

　(a)　by either party for default of any of the terms contained within this Agreement, which termination will be effective upon the fourteenth (14th) day after written notice of default and such default remains unremedied for said period; or

　(b)　by ▇▇▇▇ immediately in the event there is a change in control, ownership, or management of the Distributor, unless prior written approval is provided by ▇▇▇ ▇▇▇▇, which approval will not be unreasonably withheld; or

　(c)　by ▇▇▇▇▇▇ if the Distributor ceases to function as an ongoing concern and/or fails to conduct its operations in the normal course of business; or

　(d)　by ▇▇▇ ▇▇▇▇▇ if the Distributor will be insolvent or bankrupt; or

　(e)　by either party without cause, upon a minimum of thirty (30) days written notice to the other party; or

　(f)　on expiry if this Agreement has not been renewed.

In the event of termination, the Distributor agrees to cease all activity on behalf of ▇▇▇▇▇▇ and will return to ▇▇ ▇▇▇▇ any product, merchandising materials, promotional materials or confidential information in the Distributor's possession at ▇▇▇ ▇▇▇▇▇'s request. This will include, without limitation, Products, sales samples, merchandising displays, product literature, dealer and cons▇▇▇ promotional items.

▇▇▇ ▇▇▇▇▇ will reimburse the Distributor for any current y▇▇ and accessories), which are returned in good order pursua▇ amount of the sales price to the Distributor, less a Reimbursement for older merchandise will be at a negotiate▇

18. **NONWAIVER OF RIGHTS**（権利非放棄）◀------　｜「WAIVER」とは権利放棄のこと。たとえば、一方が契約違反をした場合に、他方がそれを指摘しなくても、その契約を容認するものではないことを定めた項目

18.1 Failure of either party to enforce any of the provisions of this Agreement or any rights with respect thereto or failure to exercise any election provide▇ ▇▇ ▇▇▇ ▇▇▇▇ way be considered to be a waiver of such provisions, rights or ▇ affect the validity of this Agreement. The failure of either party provisions, rights or elections will not preclude or prejudice ▇ enforcing or exercising the same or other provisions, rights or ▇ have under this Agreement.

　｜契約の一部の規定が無効になっても、契約自体の無効、そのほかの規定まで無効にならないことを定めた項目。契約の安定性を担保する目的がある

19. **SEVERABILITY**（分離可能性）◀------

19.1 If any term, provision, covenant or condition of this Agreement is held by a court of competent jurisdiction to be invalid, void or unenforceable, the re▇ provisions will remain in full force and effect and will in no way be affe▇ or invalidated.

　｜契約がどこの国のどの法律に準拠するかを取り決める項目

20. **GOVERNING LAW**（準拠法）◀------

20.1 This Agreement will be governed by and construed in accordance with the laws of New Zealand exclusive of New Zealand's conflict of laws provisions. The parties hereby consent to the exclusive jurisdiction and venue of the Courts of New Zealand. This contract will not be governed by the United Nations Convention for the International Sale of Goods.

248

● 付録 ●　　リアル契約書を見てみよう！

サンプル❶／（7ページ）

> 天災などの当事者ではどうすることもできない事態で発生した納入遅延などについて、当事者が債務不履行の責任を負わないことを規定する

21. FORCE MAJEURE（不可抗力）

21.1 Performance under this Agreement by either party will be excused when failure to perform is the result of strikes, fire, earthquakes, lightning, wind storms, hail, explosion, riot, civil commotion, smoke, vandalism, malicious mischief, restrictions by government, and other acts and conditions beyond the control of the parties hereto to the extent that performance has been prevented by such causes of the parties hereto. If force majeure continues for more than thirty (30) days, either party shall have the right to immediately terminate this Agreement by providing the other party with written notice of its decision to do so. If neither party has terminated pursuant to this Section 21.1, then upon removal of the cause of such interruption, performance shall resume in the manner provided in this Agreement.

> 契約書に書かれていない内容についてはその効力を認めず、契約締結後に契約を修正するときは書面で行うことを定める項目。つまり、担当者間の口約束よりも契約書の内容が優先されることになる

22. ENTIRE AGREEMENT（完全合意）

22.1 This Agreement, including the exhibits attached hereto, constitutes the entire agreement between the parties and supersedes any previous agreement between the parties. This Agreement may not be altered, modified, amended or changed in whole or in part, except in writing, and executed by both parties.

EXECUTION（署名） ← 以下に当事者の署名が入る

Signed by ▓▓▓▓▓▓
by its directors:

KELLY ▓▓▓▓　　…………………………………………………………

NICHOLAS ▓▓▓▓　…………………………………………………………

Signed by

By its director ▓▓▓▓▓▓

in the presence of:

サンプル❷／（1ページ）

> アメリカの企業との販売代理店契約書

AGREEMENT FOR EXCLUSVE SALES AGENCY
JAPAN & TAIWAN

（当事者） 1. *Introduction.* This Agreement made on __MARCH 3_ 2014 between ▇▇▇, Inc. with offices at ▇▇▇▇▇▇▇▇▇▇▇▇▇▇▇▇ (Principal), and ▇▇▇▇▇▇▇▇▇▇▇▇▇▇▇ whose offices are at ▇▇▇▇▇▇▇▇▇▇▇▇, *Japan* (Agent).

（総代理の範囲） 2. *Creation of Agency.* Principal appoints Agent its exclusive sales agent for the Country of __JAPAN & TAIWAN__ (the Territory) to sell ▇▇▇ products, designed, marketed and manufactured by Principal. Agent accepts the appointment.

（効力発生日） 3. *Date Agency Begins.* The agency shall begin on __MARCH 15__, 2014 and continue until terminated in accordance with the provisions of this Agreement.

（総代理の義務） 4. *Agents Duties.* In furtherance of the agency, Agent undertakes performance of the following duties and obligations:

- *Sales office and Showroom.* Agent will maintain at least one sales office in the Territory during the term of this Agreement and any extensions of the term Agent will maintain a sales staff sufficient to further the purposes of this Agreement.

- *Sales Confined to Territory.* Agent will not solicit any sales outside the Territory, directly or indirectly.

- *Sales Price.* Agent and his staff will make quotations and maintain MSRP throughout territory. MSRP in Territory will be as set forth in this agreement, Exhibit A (attached).

- *Cost of Goods.* Wholesale pricing of goods will be as set forth in this agreement, Exhibit A (attached). Agent shall purchase product from Principle at wholesale price and Agent shall be responsible for all costs of Freight and Import Duties into territory. Wholesale cost shall be FOB Boise, Idaho.

（代表権） 5. *Principle's Representations.* Principle represents as follows:

- *Sales in Territory.* Principle will not solicit orders for its ▇▇▇ Products in the Territory nor permit others to do so.

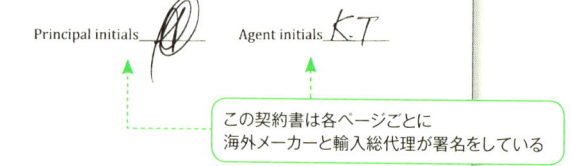

Principal initials ___/署名/___   Agent initials ___K.T___

> この契約書は各ページごとに海外メーカーと輸入総代理が署名をしている

● 付録 ●　リアル契約書を見てみよう！

サンプル❷／（2ページ）

- *Assistance if Changes in Product Introduced.* If Principal introduces change in its ▓▓ Products, Principal shall familiarize Agent and Agent's staff with the nature and purpose of the changes.

（契約期間）　6. *Term of Agreement.* The term of this Agreement shall be for _2_ years, commencing with the date on which the agency begins as set out in Paragraph 3.

（契約延長）　7. *Extension of Agreement.* This Agreement may, be extended for an additional term of _2_ years by written notice from Principal to Agent.

（契約解除）　8. *Early Termination of Agreement.* This Agreement may be terminated by Principal at any time during the term or extended term, upon the occurrence of any of the following events: (a) Agent's death; (b) disability of Agent that renders him incapable of performing his obligations under this Agreement for a period of _3_ consecutive months; (c) Agent's insolvency, including the filing of a voluntary or involuntary petition in bankruptcy court against Agent, the execution of an assignment for the benefit of Agent's creditors, a levy or attachment on Agent's property or the placing of lien on his property that is not discharged within _90_ days; or (d) failure to meet the sales quotas set out in Paragraph 9. Should Principal decide to terminate this Agreement for any of these reasons, Principal must give Agent at least _8_ week's written notice.

（取引ロット）　9. *Sales Quotas.* As set out in Paragraph 8, Principal may terminate this Agreement if Agent fails to meet the following sales quotas:
　　1. _300_ units of Principal's product in the first fiscal year of the agency.
　　2. _1000_ units of Principal's product in the second fiscal year

（当事者）　10. *Parties Not Partners.* This Agreement does not constitute an agreement for a partnership or joint venture between Principal and Agent. All expenses and costs incurred by Agent in meeting its obligations under this Agreement shall be solely those of Agent, ad Principal shall not be liable for their payment. Agent can make no commitments with third parties that are binding upon Principal without Principal's written consent and Agent in no way shall hold himself out as having that power.

（商標、商品名、著作権、特許）　11. *Trademarks, Trade Names, Copyrights, and Patents.* During the term of this Agreement, Agent is authorized by Principal to use ▓▓ name, logos, and trademarks for the products delivered under this Agreement in connection with Agent's advertisement, promotion and distribution of such products. Nothing contained in this agreement shall give Agent any interest in any of ▓▓ trademarks, logos, copyrights, patents, or trade names. Agent agrees

Principal initials ＿＿＿　Agent initials K.T

サンプル❷／（3ページ）

> 当事者の書面による同意なく、当事者以外の第三者に契約を譲渡あるいは委譲してはならないことを定める項目

not to attach any additional trademarks, logos or trade designations to any ▓▓ product or to affix any ▓▓ trademark, logo or trade name to any non-▓▓ product.

（契約非譲渡） 12. *Agreement Not Assignable by Agent.* This Agreement is personal to Agent and Agent cannot assign or delegate his rights or duties to a third party, whether by contract, will, or operation of law, without Principal's prior written consent. Any attempt to do so shall be void.

（海外メーカーの契約譲渡） 13. *Agreement Assignable by Principal.* This Agreement shall inure to the benefit of Principal's successors and assigns.

（準拠法） 14. *Governing Law.* Regardless of where this Agreement was executed or is to be performed, the laws of the United States and State of IDAHO shall be applicable to all disputes that may arise between Principal and Agent.

▓▓, Inc.
By ▓▓ Johnston   3.17.14
(Principal)

> 署名した日付

▓▓
▓▓   3-17-14
(Agent)

Principal initials ▓▓   Agent initials K.T

● 付録 ●　　リアル契約書を見てみよう！

サンプル❷／別紙（4ページ）

> この契約書では別紙（ExhibitA）で、小売価格（MSRP）の最低価格や、卸売り価格、最低注文ロットなどについて記述。こうすることで金額や数量についての取り決めをより明確にしている

AGREEMENT FOR EXCLUSIVE SALES AGENCY – JAPAN & TAIWAN
Exhibit A
Calendar Year 2014

1. MSRP in the JAPAN Territory will be not less than ▮▮▮JPY.
2. MSRP in the TAIWAN Territory will be not less than ▮▮▮TWD.
3. Wholesale price paid to Principal by Agent is $▮▮USD per KLP-1.
4. Wholesale price paid to Principal by Agent is $TBD per TWZ-1.
5. Minimum order quantity for KLP-1 is 60 units.
6. Minimum order quantity for TWZ-1 is TBD units.
7. FOB is Boise, Idaho USA.
8. Freight and Customs duties/fees into JAPAN and/or TAIWAN are sole responsibility of Agent.
9. Terms are pre pay.
10. During the term on this agreement, Agent shall build, operate and maintain the Japanese ▮▮▮ website at ▮▮▮▮ of which Principal owns the URL and Principal will therefore update the DNS to point to appropriate address that Agent supplies. Currently to be:
    Primary DNS: ▮▮▮lolipop.jp
    Secondary DNS: ▮▮▮lolipop.jp

KLP-1 ▮▮▮▮▮
TWZ-1 ▮▮▮▮▮

Principal initials _____　　Agent initials _KT_

著者紹介

石﨑 絢一（いしざき・けんいち）

三重県出身。大手情報出版社、外資系金融機関エージェント、上場コンサルティング会社などでの経験を経て、27歳で独立。これまでに40種類以上のビジネスを立ち上げたビジネスデベロッパー。

現在、複数のビジネスオーナー、会社役員、協会理事などの仕事で国内や海外を飛び回る生活を送っている。そのなかでも輸入総代理ビジネスは、ブルー・オーシャンでもレッド・オーシャンでもない彼岸にある、独自の優位性を持つ"エメラルド・オーシャンビジネス"の一つとして位置づけて展開。たった一人でも、副業でも、会社の新規事業としても参入できるスキームを構築し、これまでに数多くの人たちを指導し、成功に導いている。

著書に『美しく稼ぐ！エメラルド・オーシャンな働き方』（フォレスト出版）がある。

[石﨑絢一公式サイト]
http://www.ishizakikenichi.com

制作協力……柳田厚志、田名部圭介
編集協力……坂田隆春
カバーデザイン……藤井耕志（Re:D）
本文デザイン……design.m
編集制作……バウンド

本書の運用は、ご自身の判断でなさるようお願いいたします。本書の情報に基づいて被ったいかなる損害についても、著者および技術評論社は一切の責任を負いません。あらかじめご了承ください。

本書の内容に関するご質問は封書もしくはFAXでお願いいたします。弊社のウェブサイト上にも質問用のフォームを用意しております。

〒162-0846
東京都新宿区市谷左内町21-13
（株）技術評論社　書籍編集部
『輸入総代理をはじめよう』質問係
FAX 03-3513-6183
Web http://gihyo.jp/book/2016/978-4-7741-7950-6

自分でできる新・独占ビジネス
輸入総代理をはじめよう

2016年3月25日　初版　第1刷発行

著　者　　石﨑絢一
発行者　　片岡　巌
発行所　　株式会社技術評論社
　　　　　東京都新宿区市谷左内町 21-13
　　　　　電話 03-3513-6150　販売促進部
　　　　　　　 03-3513-6166　書籍編集部
印刷／製本　日経印刷株式会社

定価はカバーに表示してあります。

本書の一部または全部を著作権法の定める範囲を超え、無断で複写、複製、転載、テープ化、ファイルに落とすことを禁じます。

ⓒ 2016　Kenichi Ishizaki　Bound Inc.

> 造本には細心の注意を払っておりますが、万一、乱丁（ページの乱れ）や落丁（ページの抜け）がございましたら、小社販売促進部までお送りください。送料小社負担にてお取り替えいたします。

ISBN978-4-7741-7950-6　C2034
Printed in Japan

読者限定・無料プレゼントのご案内

本書著者・石﨑絢一による動画セミナー

エメラルド・オーシャンビジネスプレイヤーになるために

著者・石﨑絢一が語る充実の50分！
これからますます厳しくなる日本のビジネス環境で、
いかに個人やスモールビジネスのオーナーがサバイブするか。
そのための思考を伝授します。
輸入総代理ビジネスをはじめとした、レッド・オーシャンではない、
ライバル不在の"エメラルド・オーシャン"を見つけるための
本質的思考を語った動画セミナーを、
無料でプレゼントさせていただきます。

＜おもなコンテンツ＞
●成功するには現在地を知る●人並みの思考や行動では人波にのまれてしまうだけ●女子が幸せになるために●あなたは本質や潮流をとらえているか？（プチ訓練付き）●今の日本で最も生き残ることが可能なビジネスとは？●エメラルド・オーシャンビジネス戦略とは、手法ではなく、本質的思考から導き出すもの●自分自身も消耗品である。あなたは何歳まで働くつもり？

無料動画セミナー「エメラルドオーシャンビジネスプレイヤーになるために」は下記よりアクセスしてください。

http://emerald-ocean.biz/book/

※動画セミナーはオンライン上で公開させていただくもので、DVD等を発送するものではございません。